KB117333

용 재 수 필
인재관리

용재수필_인재 관리

지은이 홍매
옮긴이 임국웅
감　수 김승일
펴낸이 안용백
펴낸곳 (주)넥서스

초판 1쇄 발행 2003년 11월 1일
초판 7쇄 발행 2007년 11월 30일

2판 1쇄 발행 2010년 12월 15일
2판 2쇄 발행 2010년 12월 20일

3판 1쇄 인쇄 2016년 8월 25일
3판 1쇄 발행 2016년 8월 30일

출판신고 1992년 4월 3일 제311-2002-2호
04044 서울시 마포구 양화로 8길 24(서교동)
Tel (02)330-5500　Fax (02)330-5556

ISBN 979-11-5752-888-2 04320

이 책은《경세지략》의 개정 분권입니다.

www.nexusbook.com
지식의숲은 (주)넥서스의 인문교양 브랜드입니다.

용재수필 — 인재관리

동서고금을
넘나드는
세상과 나를
경영하는
지혜의 보고,
읽으며 나를
바꾸고 본 바를
실천하라

홍매 지음 · 임국웅 옮김 · 김승일 감수

지식의숲

지혜의 숲을 여행하기에 앞서

1976년 8월 26일. 장소는 중남해.

모택동은 병에 시달리는 몸을 겨우 운신하며 늘 그랬던 것처럼 서재로 들어왔다. 그리고 그는 《용재수필(容齋隨筆)》을 보고 싶다고 말했다. 그런데 공교롭게도 며칠 전에 책장을 새로 정리한 탓에 서재에서 일하는 사람들이 그 책을 제때에 찾아내지 못했다. 그들은 부랴부랴 발길을 돌려 북경 도서관을 찾아갔다. 그리고 그곳에서 두 묶음으로 된 명대 각인본 《용재수필》 18권을 빌려 왔다.

8월 31일, 안질 때문에 눈이 나빠진 모택동이 읽기 편하게 큰 글씨로 확대한 《용재수필》을 포함하여 그가 애독하던 책 몇 권을 함께 중남해로 보내왔다. 그러나 그때는 이미 모택동의 병이 골수에 미쳐 독서를 할 수 없게 된 때였다. 그러다가 9월 9일 모택동은 결국 세상을 떠났다.

《용재수필》, 이 책은 모택동이 생전에 마지막으로 보려 했던 책이다.

모택동은 새로 인쇄한 큰 글씨로 된 《용재수필》을 보지 못했다. 그러나 그에게는 그다지 유감스런 일은 되지 않았을 것이다. 왜냐하면 청조 건륭(乾隆) 59년(1794년)에 재판한 소엽산방판(掃葉山房版)《용재수필》이 모택동과 더불어 3, 40년을 함께 했기 때문이다. 그 기간에 모택동은 이 책을 몇 번이나 통독했는지 모른다. 임종이 가까울 무렵 모택동은 평생 애독하던 책이 생각나 다시 한 번 보려 했을 것이다.

모택동이 아끼던 그 책은 원래 연안 마르크스 레닌주의 연구원 도서실의 장서였다. 모택동은 그 책을 손에서 놓기가 아까워할 정도로 애독했고 아껴 왔다. 주변 여건이 아무리 괴롭고 힘들어도, 전쟁이 아무리 격렬하고 위급해도, 행군이 아무리 바빠도, 행장이 아무리 간소해도 이 책만은 잊지 않고 꼭 챙겼다. 생필품을 저버리고 다른 책들을 다 저버릴 수 있어도 오직 그 책만은 버리지 않았던 것이다.

《용재수필》은 기적처럼 연안(延安)에서 서백파(西柏坡)로, 서백파에서 다시 북경까지 모택동과 더불어 중국 현대사에서 가장 중요하고 찬란한 여정을 헤쳐 왔다.

지금 이 책은 중남해에 있는 모택동의 옛집에 잘 보관되고 있다. 두 묶음의 서책으로 된 이 책에는 모택동이 연필로 표기한 동그라미·점·선 등이 갈피마다 숨 쉬고 있다. 글자 그대로 서림미담(書林美談)이라 하겠다. 이 책의 출처를 추적해 보면 이 책의 첫 기점이 얼마나 찬란했는지를 알 수 있다.

순희(淳熙) 14년(1187년) 8월, 삼복더위에 온몸이 타오르는 듯이 뜨거웠던 어느 날, 남송의 서울이었던 임안(臨按, 오늘날의 절강성 항주시)의 궁궐에서는 한림학사(翰林學士) 홍매(洪邁, 1123~1202년)가 황궁 내에서 한 시대를 풍미했던 명군 송효종 조신(趙愼)과 국사를 의논하며 대담을 나누고 있었다. 이 이야기 저 이야기로 한창 열을 올리던 중 송효종이 문득 색다른 이야기를 걸어왔다.

"요즘 과인이 무슨 재수필이란 책을 읽어 보았네."

홍매는 기뻐하는 얼굴로 일어나 넙죽 절하며 공손히 대답했다.

"황송하옵니다. 졸서는 소인이 지은 《용재수필》이라는 책입니다. 별로 읽을거리가 없사옵니다."

"아니오, 그 책에는 아주 좋은 의견들이 들어 있소이다."

송효종은 극구 칭송해 마지않았다.

홍매는 황급히 일어나 황제에게 절을 올렸다. 황제의 칭찬에 너무나 감읍했던 것이다. 홍매는 집으로 귀가하는 길로 그 영문을 알아보았다. 알고 보니 자신이 쓴《용재수필》을 상인들이 무주(婺州, 오늘날의 절강성 금화시[金華市])에서 각인 출판하여 임안으로 가져다 책방에 넘겨 팔았던 것이다. 마침 궁궐의 한 환관이 이 책을 샀고 그래서 그 책이 궁내로 흘러 들어가 황제의 손에까지 이르게 됐던 것이다. 이 책을 읽은 송효종은 못내 감탄을 금치 못하였다.

고대 왕조시대에 한 지식인이 쓴 책을 최고 통치자가 친히 어람(御覽)한 데다가 그의 면전에서 칭찬까지 했다는 것은 더없는 영광이었다. 이에 고무된 홍매는 그 뒤를 이어 계속해서《용재수필》과 《속필》을 펴냈다.

홍매는 남송 요주(饒州) 파양(鄱陽, 오늘의 강서성 파양현) 사람이다. 자는 경려(景廬)이고, 호는 용재(容齋)이다. 그는 사대부(士大夫) 가문에서 태어났다. 그의 부친 홍호(洪皓)와 형님 홍적(洪適)은 모두 이름난 학자이자 관리였다. 홍적은 관직이 재상에까지 이르렀다. 송고종 소흥(紹興) 15년(1145년)에 홍매는 박학굉사과(博學宏詞科)에 응시했고 진사에 급제하였다. 그후 그는 시골에서 지주(知州)로 지내다가 궁궐로 들어와서는 중서사인(中書舍人), 직학사원(直學士院), 동수국사(同修國史), 한림학사, 단명전학사(端明殿學士)를 지냈다. 그는 송고종·효종·광종·영종 등 네 명의 황제를 모시면서 79세를 일기로 1202년에 사망했다.

홍매는 학식이 풍부하고 저술 또한 많았다. 그의 저서로는 문집 《야처유고(野處類稿)》, 지괴필기 소설《이견지(夷堅志)》, 편찬집《만수당인절구(萬首唐人絕句)》, 필기집《용재수필(容齋隨筆)》등 지금까지 전해지고 있는 저서들도 많다.

　근면하고 매사에 해박했던 사대부 홍매는 평생토록 방대한 양의 도서를 섭렵하였다. 그러한 그에겐 독서할 때 필기를 하는 좋은 습관도 있었다. 독서하다가 문득 떠오른 생각이나 감상이 있으면 그 즉시 기록하였다. 이렇게 40여 년 동안 해온 독서와 기록을 정리하고 집대성한 것이 바로《용재수필》이다. 최초의《용재수필》은 5집 74권으로 되어 있었다.

　《용재수필》이란 이 책의 명칭이다. 이 책의 체재는 〈수필〉, 〈속필〉, 〈3필〉, 〈4필〉, 〈5필〉로 나뉘어져 있다. 〈수필〉은 무려 18년에 걸려 쓴 것이며, 〈속필〉은 13년, 〈3필〉은 5년, 〈4필〉은 1년 남짓 걸려 완성된 것이다. 홍매는 〈5필〉을 쓰는 데 걸린 시간은 밝히지 않았다. 처음 계획은 〈5필〉을 16권으로 만들려고 했지만 이 작업을 다 하지는 못하고 10권까지만 완성된 상태에서 세상을 떠났다. 그가 〈4필〉의 서문을 쓴 시기는 송나라 영조 경원 3년(1197년) 9월이었다. 이렇게 보면 이 서문이 완성된 시기부터 그가 세상을 떠난 가태 2년(1202년)까지 5년이라는 시간이 있었는데, 이 기간이 그가 〈5필〉을 쓴 시간이 될 것이다.

40년이란 오랜 시간을 거쳐 대작 한 권을 만드는 일이란 당시의 입장에서 볼 때 결코 쉬운 일이 아니었다. 수없이 많은 책을 읽으면서 그 속에서 알짜만을 골라 편집하는 작업은 손으로 일일이 써야 하는 당시에는 고되고 오랜 노력을 필요로 했기 때문이다.

지금까지 정리해 온 송나라의 필기체 소설은 300여 부이다. 그 중에는 재미있고 훌륭한 작품들이 적지 않다. 그렇다면 그 많은 저작들 중에서도 왜 《용재수필》만이 유독 당시 송효종의 칭찬을 받을 수 있었고, 700년 후 모택동이 애독하였던가?

그 원인은 《용재수필》이 정치·역사·문학·철학·예술 등 제분야의 문제를 날카롭게 분석하고 비평한 수필 형식의 글이기 때문이다. 이 책은 고증·논의·기사를 중심으로 하여 쓴 것으로, 송나라의 전장제도(典章制度), 고대 3황5제 시기 이후의 역사적 사실, 정치적 풍운, 문단의 일화 등을 모두 섭렵하고 있다. 또한 이 책은 자료가 풍부하고, 문장의 격조가 높고 우아하며, 모든 사건에 대한 논의가 다채롭고 고증이 확실하다는 장점들을 구비하고 있다. 이런 장점이 바로 《용재수필》이 수많은 다른 종류의 저작보다 탁월하다는 평을 듣는 요인이다.

《사고전서총목제요(四庫全書總目提要)》에서는 남송의 수필 형식의 글 중에서 이《용재수필》을 제일 처음에 기록하고 있다.

'이 책을 읽노라면 마치 책의 밀림을 산책하는 듯하고, 마치 책의 바다에서 수영하는 듯하며, 마치 역사의 제단 위에서 아래로 내려 굽어보는 듯하고, 또 마치 정계를 두루 살펴 시찰하는 듯하다.'

명조 시기 하남순무(河南巡撫)와 감찰어사(監察御使)를 지낸 요한(姚翰)이 홍치 11년(1498년) 10월 16일 이 책을 평론한 한 단락을 소개하면 다음과 같다.

이 책은 사람들에게 선(善)을 권하고 악(惡)을 버리도록 경고하고 있으며, 사람들을 기쁘게도 하고 경악하게도 한다. 이 책은 사람들의 견문을 넓혀 주고, 옳고 그름을 판단할 수 있도록 일깨워 주며, 의심을 해소하고 사리를 밝게 하도록 한다. 이 책은 세속을 교화시키는 데에도 도움을 많이 준다.

나는 이 책을 읽은 후 마음과 시각이 넓어졌고 정확한 도리가 무엇인지를 확실히 이해할 수 있게 되었다. 마치 용재와 함께 황궁 내에 있는 명당에 온 듯 심중의 누각이 사통팔달하는 느낌이 들 정도이다. 다만 애석한 일이 있다면 이 책이 아직 널리 알려지지 않았다는 점이다.

사람마다 이 책을 읽고 집집마다 이 책을 두면 얼마나 좋을까 하는 마음에서 내가 아는 한 사람에게 부탁하여 이 책을 각인하고 인쇄하게 함으로써 비로소 천지사방에 널리 전파할 수 있게 되었다. 또, 제대로 알지 못하면서 아는 척하고 고고한 척하는 군자들에게는 좀 더 내면적으로 풍부해지고 충실하게 해줄 수 있을 것이다. 사물의 도리를 연구하고 진정한 지식을 추구하는 사람들이라면 이 책을 통해 천하의 도리를 궁극적으로 밝혀낼 수 있을 것이다.

　우리는 모택동이 이 책을 두고두고 통독하면서 어떤 천리(天理)를 습득했는지는 알 수가 없다. 그러나 그가 이 책을 통해 많은 것을 얻었을 것임은 분명하다. 백 번을 읽어도 싫증이 안 나는 이 책은 한 사람이 성장하는 데 그의 사상과 행동에 커다란 영향을 주리라는 것은 당연하다고 본다. 이상에서 살펴본 바와 같은 사실들을 알고 있는 우리는 이 책을 많은 독자들에게 소개하려고 생각에 생각을 거듭해 왔다. 견식을 넓히든가, 소질을 높이든가, 혹은 전통문화를 이해하든가, 혹은 모택동을 알려고 하는 사람들에게는 《용재수필》이 크게 도움이 될 것이다.

　보통의 독자는 학술적 면이 깊은 이 책을 읽을 때 두 가지 장애에 부딪히게 된다. 하나는 문장이 고문(古文)이기 때문에 난해하다는 것이고, 다른 하나는 무미건조하게 느껴질 것이라는 점이다. 따라서 이 책을 현대어로 번역하고 문장상의 난해한 부분을 약간 쉽게 첨언하여 읽기에 편하게 하려고 노력하였다. 고전을 현대어로 번역할 때는 그 의의를 학술성에 두기보다 보급하는 데에 중점을 두어야 한다는 것을 이해했으면 한다. 따라서 우리는 아래 몇 가지 방법을 통해 이 책의 번역을 더욱 충실히 하고자 했다.

첫째는 선별작업이다.

《용재수필》은 전 책이 15권으로 그 글자 수는 50만여 자나 된다. 이것을 모두 현대어로 번역한다면 적어도 150만여 자가 될 것이므로, 그 양이 너무 많게 되고, 또 반드시 그럴 필요는 없다. 왜냐하면 어떤 글은 너무 편협하고 어떤 글은 별로 가치가 없으며, 어떤 글은 너무 난해해서 도무지 현대어로 번역하기가 어렵고 억지로 옮겨 놓으면 본문의 뜻이 와전되는 경우도 있고 그 형식미를 잃기도 하기 때문이다. 이러한 사항을 염두에 두고 우리는 중요한 부분만을 엄선하기로 하였다. 여기에 선택하여 채록한 글들은 모두가 가장 대표적인 작품이어서 본서의 전 면모를 충분히 개괄하고도 남는다고 생각한다.

둘째는 편성이다.

독자들의 독서 구미에 맞추어 직역(直譯)과 의역(意譯)을 상호 보완하면서 문장의 흐름을 맞추어 놓았다. 수필 형식의 이런 작품은 역사 서적과는 다르기 때문에 기사의 앞뒤와 그 세부적 내용이 종종 맞지 않는 경우가 있다. 이것은 그 문체가 극히 간략하기 때문이다. 옛 사람들이나 전문가, 혹은 학자들이라면 한 번 읽어 곧 그 뜻을 알 수 있지만, 일반 독자들은 무슨 뜻인지 오리무중에 빠지기가 일쑤다. 이 점을 고려해서 우리들은 적당히 다른 책들을 참작하여 꼭 필요한 사실에 한해서는 보충 설명했다. 또 어떤 글은 해설을 첨가하여 쉽게 읽을 수 있도록 편성하였다. 그리고 이 책의 순서도 새로 편집했다. 즉 원문의 권편(卷篇)에 따라 분류한 것이 아니라 내용에 따라 새로 분류하여 편집한 것이다. 그리고 제목도 새로 달았음을 아울러 밝혀 둔다.

비록 이 책을 10여 년이나 읽었지만 이번 번역을 통해 또 한 차례 전통문화와 역사를 새롭게 인식하게 되었으며, 많은 지식을 더 넓힐 수가 있었다. 많은 애독자들도 이러한 느낌을 같이 가졌으면 편역자로서 더 없는 기쁨이 될 것이다.

人材管理

위기 상황에서는 전례 없는 진급도 필요한 법이다

선화(宣和) 7년(1125년) 12월 29일 송휘종(宋徽宗)이 창졸지간에 황위를 흠종(欽宗)에게 넘겨주는 바람에 조정은 안팎으로 혼란에 빠졌다. 이때 태상소경(太常少卿) 이강(李綱)이 병부시랑(兵部侍郎)으로 승진하였다.

관례에 따르면 황제를 알현하여 그 고마움을 표시해야 임명이 정식으로 통과되는 것인데 조정의 질서가 문란하다 보니 대엿새가 지났는데도 그는 황제를 알현하지 못했다.

이미 정강(靖康) 원년(元年, 1126년) 정월 초나흘이었다. 이때 금군의 철기(鐵騎)가 이미 동경(東京)인 개봉(開封)을 막 공격하려고 하였다. 코끝까지 쳐들어온 대적을 당장 물리쳐야 할 이 긴급 상황에서 이강은 송흠종을 알현할 것을 요청했다. 하지만 이때 마침 정승을 비롯한 대신들이 황제와 함께 국정을 토의하고 있어 황제를 알현할 수 없었다.

이강이 궁문을 관리하는 이효장(李孝莊)에게 호통을 쳤다.

"국가 대사에 관련된 중요한 일이 있어 재상들과 함께 황제 폐하께 상주해야겠으니 빨리 문을 열라고 안에다 아뢰어라."

이효장은 그의 호통에도 아랑곳하지 않았다.

"관례에 의해서 재상들이 나오지 않으면 다른 대신들은 대궐로 들어갈 수 없습니다."

그러자 이강이 발을 구르며 노발대발하였다.

"지금이 어느 때라고 관습이니 뭐니 하는 것인가!"

이효장은 그의 패기에 눌려 하는 수 없이 대궐로 들어가 통보했다. 황제는 그를 재상들 한끝에 서서 알현하도록 하였다.

당시 재상들이 황제에게 건의하고 있던 것은, 황제가 금나라 군사를 피해 양주(襄州, 오늘날의 호북성 양만) 혹은 등주(登州, 오늘날 하남의 등이현)로 피난해야 한다는 내용이었다. 맨 끝에 서 있던 이강은 재상들의 상주를 듣고는 핏줄이 머리끝까지 곤두서는 듯했다. 그는 이내 경성인 개봉을 끝까지 지켜야 한다고 역설하였다.

"그래 경성을 끝까지 지킨다 하면 누가 이 일을 담당할 수 있겠는가?"

이강이 성큼 앞으로 한 발짝 나서며 씩씩하게 말했다.

"소신이 목숨을 걸고 나라를 지키겠습니다. 다만 아뢰옵기 황공

19

하옵니다만 소신의 직위가 낮아 통솔력이 미약할까 근심이 될 뿐이옵니다."

재상들은 내심 이강에게 이 위험한 직무를 맡기를 원했다. 그래서 그를 예부상서(禮部尚書)로 임명할 것을 황제에게 건의했다. 그런데 이강이 나서서 그들의 말을 막았다.

"그건 기껏해야 시종관(侍從官)에 지나지 않사오니 그 직무로는 일을 제대로 하기가 어렵사옵니다."

그러자 송흠종이 결정한 듯 즉시 이강을 상서우승(尚書右丞)으로 임명하였다. 이 직무는 부재상에 해당하는 직위였다.

이에 이강이 계속해서 말했다.

"병부시랑으로 임명을 받았을 때 소신은 정식으로 사은례를 올리지 못했나이다. 지금 소신이 입고 있는 관복은 하급 관리의 관복이옵니다. 이 관복을 입고 어찌 천군만마를 호령할 수 있겠사옵니까?"

송흠종은 그 즉시 내시를 시켜 부승사의 관복을 가져오게 하였다. 새 관복을 입은 이강이 송흠종에게 감사의 뜻을 전하였다.

"폐하, 지금 시국이 난리 통에 빠져 있사오니 소신은 사양하지 않겠사옵니다."

이처럼 며칠 사이에 하위급 관리가 부재상의 직위에까지 오른 예는 역사에서 전무후무한 일이었다. 하지만 상황이 급했기에 다른 대안이 없었다. 이처럼 위기의 상황에서는 전례 없는 진급도 필요한 법이다.

눈치를 잘 살피고 비위를 맞춰 연명하다

당나라의 재상 이임보(李林甫)는 사람됨이 간교하고 질투심이 많은 사람이다. 배요경(裴耀卿)과 장구령(張九齡)의 재능이 자기에 못지않고 이적지(李適之)가 자기와 권력을 다투고 있다는 것을 안 이임보는 음모를 꾸며 그들을 조정에서 내쫓았다. 하지만 자기의 심복과 자기를 따르는 사람들과는 두터운 교분을 지켰다.

우선객(牛仙客)·진희열(陳希烈) 등은 이임보와 무려 6~7년을 함께 지냈다. 이들이 이임보와 이토록 긴 시간을 함께 지낼 수 있었던 것은 이들의 사람됨이 이임보와 같았기 때문이었다. 즉 그들은 충신을 해하고 능력 있는 사람들을 질투하는 성향이 일치했다. 그러나 더 중요한 것은 이들이 모두 이임보의 심복 부하였으며, 이임보에게 무조건 순종하여 그의 환심을 살 수 있었기 때문이었다.

이와 달리 송고종(宋高宗) 때의 진회는 이임보와 다른 타입이다.

그는 초기에 자신에게 도움이 된다고 생각하는 사람이면 2~3년 내에 말단 관리직으로부터 최고위 계층인 대신으로까지 진급시켜 주었다. 예를 들면 사재(史才)는 어사검법관(御史檢法官)에서 우정언(右正言)으로 진급하였고, 다시 간의대부(諫議大夫)로 올랐다가 나중에는 검서추밀원으로까지 발탁되었다. 또 시거(施鉅)는 중서검정관(中書檢正官)에서 이부시랑(吏部侍郞)으로 발탁시켰고, 정중웅(鄭仲熊)도 정언(正言)에서 일시에 이부시랑으로 발탁시켰다.

더구나 임명장을 받은 지 며칠 되지 않아서 시거는 다시 부정승인 참지정사(參知政事)로 껑충 뛰어올랐고, 정중웅은 첨추(簽樞)로 날아올랐다. 심지어 진회는 전중시어사(殿中侍御史)로 있던 송박(宋樸)을 승급시키려고 어사대(御史臺)에게 명하여 본기관에 검법주부(檢法主簿)의 자리가 비었으니 누구누구가 마땅하다는 상소문을 올리도록 종용까지 하였다.

진회는 그 상주문을 이유로 송박을 시어사(侍御史)로 발탁할 것을 황제에게 상주하였다. 송박은 뒤이어 어사중승(御史中丞)으로 되었다가 나중에는 첨추까지 올랐다. 구름을 탄 듯 하루아침에 조정의 최고위급 관리가 된 이 사람들은 희로애락이 무상한 진회에 의하여 몇 달 못 가서 파면당하는 운명을 맛보아야 했다. 그러나 눈치를 잘 살피고 진회의 비위를 잘 맞출 줄 아는 양원(楊願)만은 예외였다.

양원은 진회의 일거수일투족, 심지어 그의 식성까지 파악하며 진회를 떠받들었다. 한번은 진회가 밥을 먹다가 그만 재채기를 했다. 입안의 밥이 튕겨 나가자 진회가 껄껄 웃었다. 이때 함께 있던 양원도 그를 따라 재채기를 하면서 박장대소하였다. 옆에서 시중을 들던 사람들은 그 광경을 보고는 퍽이나 안됐다는 표정을 지으며 못마땅해하였다. 그러나 진회는 자기에게 아부하는 양원이 밉지 않았다.

하지만 겨우 1년도 지나지 않아 진회는 양원을 좋아하지 않게 되었다. 마음이 바뀐 진회는 어사를 시켜 암암리에 양원을 배척하려고 했다. 양원이 이 일을 알게 되자 눈물 콧물을 짜며 진회에게 애걸복걸하였다. 그러자 진회는 그에게 콧방귀를 뀌면서 다음과 같이 말했다.

"사내대장부란 흉금이 넓어야 하거늘 자네는 어찌 그 모양인가?"

"아니옵니다. 출신이 미천한 소인이 오늘 이 자리에 오를 수 있었던 것만 해도 대단히 만족하옵니다. 소인은 태사(太師)의 하늘과 같은 은덕을 입어 오늘날의 부귀를 입게 되었사옵니다. 저를 낳아 주신 부모의 은혜가 이보다 크겠사옵니까? 이제 소인이 나리님을 떠나게 된다면 언제 다시 나리님에게 효성을 올릴 수 있사올지, 소인은 그것이 슬퍼서 우는 것입니다."

그가 눈물로 하소연하는 말을 들은 진회는 그를 측은히 여겨 같은 직급의 한직에 앉혔다가 3개월 후에 선주(宣州, 오늘날의 안휘성 선성)의 지사로 임명하였다.

훗날 참정(參政) 이약곡(李若谷)이 진회에 의해 파면당했을 때 한 사람이 그에게 귀띔했다.

"나리님께서는 왜 양원처럼 한바탕 울지 않았습니까?"

하북인(河北人) 이약곡은 성품이 정직하고 정의감이 있는 사람이었다. 그는 이 말을 듣고 나서 껄껄 웃으면서 말했다.

"나를 능지처참한다 하더라도 그 같은 거짓 눈물은 짜지 않을 것이오. 어디 따라 할 것이 없어 소인배의 아부아첨을 따라 한단 말이오."

일의 경계를 짓고, 할 수 있는 일에는 최선을 다한다

희녕변법(熙寧變法) 시기 왕안석(王安石)이 재상으로 있으면서 변법을 통괄·지휘하고 있었다. 경질당한 사마광은 서경 낙양(洛陽)에 은거해 있으면서 모든 정사(政事)를 뒷전에 두고 독서에만 몰두하고 있었다. 송철종(宋哲宗)이 즉위한 후 사마광을 다시 발탁시켜 상서좌복야(尚書左僕射) 겸 문하시랑(門下侍郎)을 겸하게 했다. 사마광은 이로써 다시 조정의 모든 문제를 주관하게 되었다.

재상으로 있을 때 그는 친히 족자를 써서 응접실에 걸어 놓았다. 그 내용은 대체로 다음과 같았다.

무릇 소인을 찾아오는 친구들은 나라의 대정방침에 어떤 실책이 있는지, 백성들이 어떤 질고를 겪고 있는지를 말하여 주십시오. 소인이 기타 대신들과 상의한 후 꼭 황제 폐하께 직접 전해드릴 것입니다. 황제 폐하로 하여금 국내 기본 사정을 알도록 길을 넓혀 놓겠습니다.

소인이 어떤 과실이 있거나, 일을 잘못 처리한 것이 있으면 또한 부담 갖지 마시고 알려주십시오. 편지를 써서 문리(門吏)에게 주면 그가 소인에게 전달해 줄 것입니다. 사마광은 여러분들의 지적을 귀담아들을 것이며 잘못을 꼭 시정할 것입니다.

그러나 승진·조동(調動)·옥사·원한 등에 관한 문제는 직접 상주하십시오. 소인은 꼭 대신들과 진실로 회의하고 연구할 것입니다. 그리고 그 연구 결과에 따라 구체적인 조치를 제정할 것이며 그 조치를 직접 시행할 것입니다.

소인의 누추한 곳을 찾은 분들은 이상의 일들과 관련이 없는 일은 언급하지 말았으면 좋겠습니다.

합종연횡

동주(東周) 말기 제후들이 패권 쟁탈에 휘말려들어 도처에 전운(戰運)이 감돌았다. 구변이 좋고 응변이 좋은 권모술수가들이 각 제후국을 드나들며 전쟁을 야기하기도 했고 전쟁의 불길을 재담을 이용해 진화하기도 하였다. 그 당시 전국 시기에 장의(張儀)·소진(蘇秦)·노중련(魯仲連)·우경(虞卿) 등 유명한 유세가들이 나타났는데 형세의 변화에 따라 소진·공손연(公孫衍)을 우두머리로 한 일파와 장의를 우두머리로 한 일파가 종횡가(縱橫家)의 새로운 구도를 이루었다.

전자는 진(秦)나라와 제(齊)나라 등 강국에 대처하여 자국의 실력을 보존해야 한다는 합종파였고, 후자는 진(秦)나라와 제(齊)나라가 힘을 합쳐 약소국가를 하나하나 소멸해야 한다고 주장하는 연횡파(連橫派)였다. 소위 종횡가란 이상의 두 파의 유세자들을 통칭하여 일컫는 말이다. 이런 종횡가들은 사물의 도리에 따라 상대방을 설득시키는 것이 아니라 사리(私利)에 따라 사리(事理)를 풀이하여 일을 망쳐 버릴 때도 있었다.

전국(戰國) 말기 진(秦)·제(齊)·초(楚)의 세력이 점차 강대해졌다. 진은 6국을 모두 멸망시키고 천하를 통일하려는 야심을 가지고 있었다.

그때 진의 가장 큰 적수는 물론 제와 초였다. 제국과 초국은 진국의 위협을 사전에 막기 위하여 상호 우호연맹을 맺고 군사적으로 힘을 합해 대치하려 했다. 초회왕(楚懷王)이 즉위하자 진나라의 장의가 그를 찾아왔다. 장의는 초나라와 제나라의 연맹을 파괴할 목적으로 언변을 통해 그들을 유혹하였다. 말인즉 제나라와의 연맹을 끊고 왕래하지 않으면 진나라에 속하는 한중(漢中) 일대의 땅 600리를 떼어 주겠다는 것이었다. 초회왕의 신하 진진(陳軫)이 장의의 계책을 간파하고는 초회왕에게 간하였다.

"장의는 신의를 지키지 않는 사람이옵니다. 어찌 그의 말을 믿으시려 하옵니까? 대왕께서 장의의 조건을 받아들이신다면 한중의 땅도 얻지 못할 것이며 제나라도 우리를 배은망덕하다고 할 것이옵니다. 나아가 제나라는 진나라와 연합할 수도 있사옵니다. 그렇게 되면 우리는 북쪽에서는 제나라와 절교되고 서쪽에서는 진나라의 위협을 받게 되오니 매우 불리한 처지에 빠지게 되옵니다."

이러한 분석은 당시 상황을 고려했을 때 가장 정확한 것이었다. 그러나 진진은 초회왕이 반드시 600리의 땅을 탐내어 사신으로 온 장의의 건의를 수용할 것으로 보고 자신의 주장을 철회하고 다시 다음과 같이 건의하였다.

"대왕께서는 겉으로는 제나라와 절교하는 척하면서 암암리에 연맹을 강화하는 한편, 일단 한중의 600리를 얻게 되면 그때 가서 정식으로 제나라와 절교해도 늦지 않사옵니다."

그러나 진진은 장의의 음험한 내심과 초제 연맹이 초나라에 얼마나 중요한지 미처 알지 못했다. 그는 다만 한중 600리를 얻을 수 있느냐 없느냐 하는 문제를 출발점으로 삼았던 것이다.

이윽고 초회왕이 제나라와 절교한 후 약속대로 진나라에 한중 600리를 떼어 달라고 했다. 진나라에서는 들도 보도 못 한 말은 하지도 말라며 시치미를 뗐다. 그제야 꾐에 속아 넘어간 것을 알게 된 초회왕은 대노하여 진나라를 침공하려고 했다. 이때 진진은 앞서의 실책을 깡그리 잊고 황당하고 어처구니없는 계략을 초회왕에게 간하였다.

"이제는 우리가 그들의 간계를 이용해야 하옵니다. 다시는 한중 600리를 떼어 달라고 하지 말고 오히려 우리가 읍성(邑城) 몇 개를 바쳐 그들과 연맹을 구하는 것이 바람직합니다. 그리고 그때 진초 양국이 합동 출병하여 제나라를 치는 것입니다. 그렇게 되면 제나라는 진초 연합군의 적수가 되지 못할 것입니다. 그러면 우리가 진국에 헌납한 땅보다 더 큰 땅을 얻을 수 있을 것입니다."

원래 초제 연맹은 그 기초가 아주 좋았다. 다만 초회왕이 이해(利害) 관계의 형평을 제대로 파악하지 못하고 이 연맹을 깬 것은 정말 잘못한 일이다.

이처럼 망친 일을 만회하려면 땅을 떼 주고 잘못을 사과하여 다시 연맹을 맺는 것이 옳은 길이었다. 그래야 한 나라씩 각개 격파하려는 진나라의 야심에 대항할 수가 있었던 것이다. 그런데 모략가라는 진진이 이와는 반대로 초회왕을 설득시켰으니 결국 진나라의 설계에 빠지지 않을 수 없었다. 가령 진국과 초국이 연합하여 제국을 멸망시켰다 하더라도 국력이 강한 진국의 다음 목표는 초국이 아니란 것을 과연 장담할 수 있겠는가.

진진은 복잡한 정국과 주변 국가의 형세를 정확히 판단하지 못했다. 그의 수준은 다른 종횡가(縱橫家)인 노중련·오경 등과 비교하면 하늘과 땅의 차이라고 하겠다.

인재를 천거하여 천하를 평정하다

한신이 유방에게 귀순했을 때, 초에는 별로 중용되지 않았다. 유방(劉邦)이 출정하여 남정(南鄭, 오늘날의 섬서성 한중 동부)에 주둔했을 때다. 한신은 유방의 수하에서도 자신의 포부를 이룩할 수 없다고 생각하고 심야에 군영을 벗어나 도주하였다. 이 일을 안 소하(蕭河)는 미처 유방에게 전갈을 올리지도 못한 채 달밤에 말을 달려 한신을 뒤쫓았다. 이것이 역사상 유명한 '소하월하추한신(蕭河月下追韓信)'이라는 말이 만들어지게 된 연유이다. 뒤에 이를 안 유방이 대노하여 소하에게 죄를 물었다.

"군영에서 도주한 사람이 어디 그 한 사람뿐이오? 한신이 도주하자 승상이 몸소 찾아 나섰다니 그게 될 말이오! 혹시 과인을 속이려는 것이 아니오?"

이에 소하가 대답했다.

"전에 심야 도주한 장령들은 재능이 있는 사람들이 아니옵니다.

그러나 한신의 경우는 다릅니다. 그는 세상을 뒤엎을 만한 영웅이옵니다. 천하를 평정하려면 이런 영웅호걸들이 없어서는 아니 되옵니다. 그래야 많은 인재들을 끌어모을 수 있사옵니다."

유방은 소하의 권유에 못 이겨 융숭하게 의식을 치른 다음 한신을 대장군(大將軍)으로 임명했다. 한신은 과연 그때부터 남북으로 찌르고 베면서 천하를 통일하는 대업을 완성시켰다.

이세민이 막 진왕(秦王)으로 봉해졌을 때는 아직 세력이 튼튼하지 못했다. 수하의 장수 중 대부분은 허수아비였고 군사들은 갈대풀과 같은 오합지졸이었다. 그들 중 많은 사람이 이세민을 떠나 태자 이건성(李建成)의 수하로 들어갔다. 그러자 방현령(房玄齡)이 이세민에게 말했다.

"많은 사람이 폐하를 떠났다 해도 아까운 사람은 하나도 없사옵니다. 하지만 두여회(杜如晦)는 호걸이옵니다. 그는 폐하를 보필하여 왕업을 이룰 수 있는 대재(大才)이옵니다. 천하를 도모하려는 폐하께서 두여회와 같은 인재를 귀중하게 여기지 않으시면 어떤 인재들이 폐하의 주변에 몰려들겠습니까."

이세민은 방현령의 추천을 받아들여 두여회를 중요한 자리에 등용시켰다. 과연 두여회는 일심으로 충성을 다해 웅재대략(雄才

大略)을 발휘해 훗날 일대의 명재상이 되었다.

한신과 두여회의 거취와 성공은 물론 당시의 시대적 배경을 떼어 놓고는 생각할 수가 없는 것이다. 그러나 소하와 방현령 같은 사람이 인재를 알아보고 적극 추천하지 않았다면 처음부터 그들의 성공은 불가능했을 것이다.

일대 제왕이 대업을 건립하는 데는 제왕 한 사람의 재간과 모략으로는 도저히 불가능한 일이다. 제왕들은 무장일 경우에는 한신을 대하듯 해야 하고, 문관은 두여회를 대하듯 재능 있는 신하를 믿고 등용해야 한다. 재능 있는 사람을 발견하고 등용하기까지는 어렵지 않으나, 소하와 방현령 같은 현명한 신하가 있어 인재를 추천하고 그들에게 권력을 주어 재능을 충분히 발휘하게 해야만 천하의 유지인사들이 냇물이 바다로 흐르듯 자연히 모여들게 마련인 것이다.

신하의 대공이 군주보다 나으면 해를 입는다

신하로서 종묘사직을 위하여 세운 대공이 사해(四海)에 널리 알려져 군주마저 그를 경외한다면 그는 조만간 군주의 의심을 사게 된다. 일반적으로 이 정도에 이르면 그 끝이 별로 좋지 못하다. 이러한 예는 역사상 수없이 많다.

먼저 한신의 예를 들어 보자. 그가 젊었을 때 남의 두 다리 사이로 기어가는 굴욕을 이겨 낸 것은 그에게 커다란 포부가 있어서였다. 훗날 그는 초패왕 항우를 찾아갔지만 별로 탐탁히 여기질 않아 형식적인 대우만 받았다. 그런 가운데서도 그는 몇 번이나 항우에게 계책을 건의했지만 번번이 받아들여지지 않았다. 그래서 결국 한신은 자신의 웅지(雄志)를 펴기 위하여 항우를 떠나 유방에게로 갔다.

처음에는 유방도 그를 중시하지 않았다. 겨우 치속도위(治粟都尉)라는 자그마한 벼슬을 주었을 뿐이다. 훗날 소하가 강력하게 추천해서야 대장군(大將軍)이 될 수 있었다. 군사의 중임을 맡은 한신은 마치 물 만난 고기처럼 자신의 재능을 충분히 발휘하였다. 그리하여 그는 역사에 길이 남길 불후의 업적을 세웠던 것이다. 그는 공개적으로 산길을 뚫는 것을 보여 주는 한편 암암리에 진창(陳倉)을 넘어 삼진(三秦)을 평정하기도 하였다. 그리고 배수진을 치고 조나라 군사를 대패시키기도 하였다. 또 피 몇 방울 흘리지 않고 연나라를 수복하였으며 기병(騎兵)을 풀어 삼제(三齊)를 점령하기도 했다. 끝으로 초군을 사면초가로 만들어 대패시켰다. 이로 말미암아 초패왕 항우는 애희(愛姬)와 슬프디슬픈 이별을 해야 했고, 스스로 목숨을 끊고 말았다. 한신이 없었다면 유방이 통일 대업을 이룰 수 없었을지도 모른다. 유방에 대한 한신의 충성은 의심할 바가 없다.

초나라와 한나라가 대결할 때, 한신에게는 유방과 항우를 모두 멸망시킬 수 있는 기회가 얼마든지 있었다. 그러나 한신은 다른 왕국을 세우지 않고 일심전력으로 유방에게 충성하였다. 자신을 믿고 총애한 은혜를 갚는다는 마음이었다. 하지만 황제가 된 유방의 생각은 그리 간단치만은 않았다. 무공이 혁혁하고 군권을 장악하고 있는 한신이 조만간 모반할 것이라는 의심이 덜컥 들었다. 의심

때문에 두 발을 뻗고 잠을 잘 수 없었던 유방은 끝내 모반죄를 덮어씌워 한신을 살해해 버렸다.

한신과 비슷한 최후를 본 사람으로 한나라의 곽광(霍光)과 주아부(周亞夫)가 있다. 곽광은 한무제 때 흉노를 물리친 영웅 곽거병(霍去病)의 동생이다. 곽광은 한무제를 따라 20여 년간 조심하면서 아무런 과실을 범하지 않았다. 한무제가 임종시 좌중의 뭇 대신들 가운데에서 곽광을 뽑아 어린 황제를 보좌하는 중임을 맡겼다. 한무제가 곽광에게 대사마대장군(大司馬大將軍)이란 요직을 내려 8세밖에 안 되는 어린 황제 한소제(漢昭帝)를 보필하게 했던 것이다. 곽광은 한무제의 기대를 저버리지 않았다. 그는 어린 황제를 10여 년이나 보필하여 나라를 부강하게 하였고 안정된 나라로 만들었다. 그러자 주변국들도 한나라를 공경하였다.

소제가 붕어(崩御)하자 곽광은 뭇 대신과 더불어 창읍왕(昌邑王) 유하(劉賀)를 황제로 맞아들였다. 그러나 유하는 현명한 군주가 아니었다. 그리하여 곽광은, 국사를 돌보지 않고 주색에 빠진 유하를 처치해야 한나라의 사직을 이어 갈 수 있다고 생각하고는 과감히 유하를 폐위시켰다. 그리고 대신 유순(劉詢)을 한선제(漢宣帝)로 즉위시켰다. 곽광의 이 처사는 조정 대신들의 동의를 받았다.《한서

(漢書)》에서는 곽광의 이 일에 대하여 '사직을 올바로 잡고 국가를 안정시켰다'고 평했다. 그런데 이 거사가 한선제의 위구심을 자아내게 했다. 어느 날 한선제가 조상신위에 제를 올릴 때 곽광도 함께 있었다. 이때 한선제는 '뒷등에 침바늘이 있는 것' 같아 마음을 놓을 수 없었다고 한다.

한신과 비교할 때 곽광은 정말 행운아가 아닐 수 없었다. 곽광은 황제를 보필한 지 20년 만에 자신의 수명을 다했다. 한선제는 그가 죽자 제왕과 비슷한 장례식을 융숭하게 치러 주었다. 그러나 곽광은 그때 이미 자손들에게 재앙의 불씨를 심어 주었다. 한선제는 비록 곽광에게 후한 장례식을 치러 주었지만 3년도 안 되어 구실을 잡아 곽광의 온 가족을 멸족시켰다. 그때 곽광 가족과 함께 연루되어 목숨을 잃은 사람이 수천 명에 달할 정도였다. 민간에서는 곽광의 후손이 멸족당하게 된 것은 기실 한선제가 '뒷등에 침바늘이 있는 것' 같은 느낌을 가졌을 때부터라고 전하고 있다.

주아부(周亞夫)는 한나라의 개국대신인 주발(周勃)의 아들이다. 주발이 죽자 맏아들 주승(周勝)이 직위를 이어받았다. 그런데 주승은 죄를 지어 살해당하고 말았다. 이때 한문제(漢文帝)가 주발의 다른 아들 중 현명하고 재능 있는 자에게 직위를 물리라는 성지를 내렸다. 그러자 뭇 대신들이 모두 주아부를 추천하였다. 이렇게 주아부는 직위를 계승하게 되었고 조후(條侯)로 봉해졌다.

주아부는 군사를 아주 엄하게 다스렸다. 그의 군사는 군기가 엄하고 전투력이 강했다. 한문제는 그의 치군(治軍) 능력을 높이 평가하였다. 한문제는 붕어 전에 앞으로 즉위할 한경제(漢景帝)에게 다음과 같은 당부를 했다.

"앞으로 나라가 위태로울 때 꼭 주아부를 원수(元帥)로 삼아야 하느니라."

한경제가 즉위한 지 얼마 되지 않아 오왕(吳王) 유비를 위수로 한 7개국이 반란을 일으켰다. 급기야 들이닥친 반란에 한나라 조정은 매우 위태롭게 되었다. 한경제는 선제의 당부대로 과감히 주아부에게 군권을 주어 난을 평정케 하였다. 주아부는 나라가 위태로울 때 어려운 중임을 맡고 반란군 토벌에 나섰다. 치열한 남정북벌을 통해 마침내 7국 연합군을 격파하고 유씨 한조의 대통을 지켜 대공을 세운 주아부는 승상으로 발탁되었다.

한경제가 태자 유율(劉栗)을 폐위하려고 결심했지만 주아부가 동의하지 않았다. 그러나 황제의 뜻을 어길 수 없어 유율은 끝내 폐위당하고 말았다. 이때부터 한경제는 자신의 뜻을 거스른 주아부를 가까이하지 않았다. 이 틈을 타서 7국 연합군을 격파시킬 때 주아부와 갈등이 있었던 양효왕(梁孝王)이 자주 한경제에게 주아부의 험담을 했다.

한편 주아부는 한고조 유방의 '유씨가 아닌 사람을 절대로 왕으로 봉해서는 안 된다'라는 유언을 고수하고자 했다. 그런데 경제가 황후의 오빠인 왕신(王信)을 후작에 봉하자 주아부는 한나라의 사직을 지키기 위하여 황제의 이런 행동에 격렬히 반대하였다. 그 결과 그는 두태후와 한경제의 노여움을 동시에 사게 되었다. 한경제는 만약 자기가 붕어하게 되면 주아부가 자기 아들을 위해 충신이 되지 않을 것이라고 판단하였다. 그리하여 기회를 보아 주아부에게 죄명을 덮어씌우고 그를 투옥시켰다. 감옥에 갇힌 주아부는 억울한 나머지 닷새간 단식을 했고 마지막엔 화병이 도져 피를 토하며 죽었다.

동진(東晉)의 사안(謝安)의 처지는 주아부보다는 나은 편이었다. 침착하고 예지가 넘치는 사안은 내색하지 않고 간신 환온(桓溫)의 모반을 좌절시켜 대공을 세웠다. 환온이 죽은 뒤 사안이 정권을 잡게 되었다. 그가 황제를 보좌해 집정하는 기간에 동진의 경제는 부유하게 되었고 조정 내부는 화해롭고 안정되었다. 진효무제(晉孝

武帝) 태원(太元) 8년(1383년), 전진(前秦)의 왕 부견(符堅)은 백만대군을 인솔하여 남하하여 동진을 공격하였다. 이때 사안은 10만 대군을 지휘하여 비수에서 부견의 군사를 대파하였다. 이 비수전에서 대패한 부견의 군대는 다시 싸울 마음을 잃고 후퇴하였다. 이것이 역사상 적은 병력으로 많은 병력을 이긴 그 유명한 비수전이었다. 사안은 적들의 후퇴를 놓치지 않고 추격하여 서·대·청·사·예·양 등 6주를 수복하였고, 동진은 이때부터 전성기에 들어섰다.

그러나 사안의 위업과 전공은 진효무제와 그의 이복동생 회계왕(會稽王) 사마도자(司馬道子)의 의심과 질투를 야기시켰다. 그런데 공교롭게도 사안의 사위 왕국보(王國寶)는 인품이 나빠 사안의 미움을 사고 있었다. 그의 사위는 이것이 못마땅하여 끝까지 그에게 원한을 품었다. 결국 사안을 대하는 마음이 일치했던 사마도자와 왕국보는 서로 결탁하게 되었고 결국 효무제에게 사안을 모함하였다. 효무제는 그것이 모함인 줄 분명히 알면서도 이때가 좋은 기회라고 여겨 사안으로 하여금 건릉(巾陵)을 지키게 하였다. 이에 우울증에 걸린 사안은 얼마 뒤 병을 얻어 세상과 등지고 말았다.

수문제(隋文帝) 때의 공신 고영(高潁)의 운세는 사안보다 좋지 못했다. 수문제 양견(楊堅)은 북주(北周)의 신하로 있을 때부터 왕위를 찬탈하여 스스로 왕이 되려는 야심을 가지고 있었다. 함께 북주의 대신으로 있던 고영이 총명하고 예지가 넘치는 유능한 사람임을 알고 있던 양견은 그를 자기 주변으로 끌어들였다. 고영은 멸족의 위험을 무릅쓰고 양견을 도왔다. 고영의 도움을 받은 양견은 끝내 북주왕에게 압력을 가해 왕위를 내놓게 하는 데 성공하였다. 북주를 뒤엎고 수나라를 세운 양견은 고영의 도움으로 천하를 통일하는 대업을 완성할 수 있었다. 그후 고영은 양견의 수하에서 20년간 승상으로 있었다.

고영은 수나라를 위하여 피 흘려 싸웠고, 그 대공은 혁혁하였다. 그리고 그는 수나라의 사직을 지키는 데 전력투구하며 심혈을 기울였다. 그러나 그는 그만 황후 독고(獨孤)씨의 미움을 사게 되었다. 황후는 이런저런 트집을 잡아 고영의 흠집을 들춰냈다. 결국에는 수문제도 황후의 말을 듣게 되었고 마침내 그를 서민으로 삭직시켰다.

당조의 일대명장 곽자의(郭子儀)의 처우도 별반 나은 편은 아니었다. 당나라가 전성기를 구가하던 말기에 이르러 당현종(唐玄宗)이 주색에 빠지자 간신들이 득세하였고 변경에서는 전쟁이 그칠새가 없었다. 그러다가 드디어 국가에 엄청난 재난과 타격을 안겨

준 8년에 걸친 '안사의 난(安史之亂)'이 일어나게 되었다. 변방대장인 안녹산(安祿山)과 사사명(史思明)이 동도(東都)인 낙양(洛陽)과 서도(西都)인 장안(長安)을 함락시키자 당현종은 부랴부랴 사천의 성도(成都)로 피난을 떠났다. 그러자 태자 이형(李亨)이 즉위하였으니 그가 당숙종(唐肅宗)이다. 당숙종은 이광필(李光弼)과 곽자의에게 중임을 맡겨 안사의 난을 평정토록 하였다. 곽자의는 나라가 풍전등화에 처한 위급한 시기에 중임을 떠맡고 몇 년간을 난군과 피 흘리며 싸웠다. 안사의 난을 평정하는 과정에서 곽자의의 공훈은 그야말로 혁혁하였다. 그러나 당덕종(唐德宗)은 즉위한 뒤 곽자의의 명망이 무척 높고 권세가 강함을 알자 이를 꺼리게 되었다. 황제의 견제를 받은 곽자의는 머지않아 자신이 가진 모든 병권을 내놓아야 했다.

선비는 지기(知己)를 위해서만 죽는다

제나라의 제후 장공(莊公)의 행위가 단정하지 못하자 최서 대부(大夫)가 그를 살해하였다. 더불어 8명 대신도 장공과 함께 목숨을 거둬들었다. 대부 안영이 이 소식을 듣고 달려와 눈물을 흘리며 장공에게 애도를 표시하였다. 그러자 좌우의 사람들이 그에게 물었다.

"대부께서는 장공을 따라 죽겠습니까?"

안영이 대답했다.

"군주란 저 한 사람만의 군주도 아닌데 어찌 저만 죽으라는 말씀입니까?"

한 사람이 또 물었다.

"그러면 대부께서는 도주하시겠습니까?"

그러자 안영이 대답했다.

"군주의 죽음이 나의 잘못도 아닌데 왜 도주하겠습니까? 가령 나라를 위하여 죽어야 한다면 저는 죽음을 두려워하지는 않을 것입니다. 그리고 나라의 생존을 위해서 도주해야만 한다면 도주하는 게 마땅하겠지요. 총애를 받는 대신이 아니라면 그 누가 개개인의 사리를 위해 그렇게 하겠습니까?"

이후 최서 대부는 경봉(慶封) 대부와 결탁하여 나이 어린 저구(杵臼)를 제후로 옹립했다. 그들은 대신들을 협박하여 새 군주에 충성하겠다는 선서를 하라고 했다. 이에 안영이 반대하자 최서의 사병(私兵)들이 병기를 휘두르며 안영을 협박했다. 그러나 안영은 목이 떨어질지언정 새 군주에 복종할 수는 없다고 버티었다.

"나는 어느 한 군주에게 충성을 하는 것이 아니라 사직을 위해 충성할 뿐이다."

그 기개가 얼마나 늠름하고 당당했던지 최서와 경봉도 그를 함부로 살해하지 못했다.

진(晉)나라의 예양(豫讓)은 처음에는 위중행(危中行)에 붙었으나 지백(智伯)이 위중행을 살해하자 다시 지백에게 귀순하였다. 조양자(趙襄子)가 지백을 살해하자 예양은 이름을 감추고 산중에 은거하면서 조양자를 살해할 기회를 엿보고 있었다. 그러던 중 불행하게도 조양자에게 생포되고 말았다. 그때 조양자가 그에게 물었다.

"지백이 위중행을 살해했을 때 너는 어이해 복수하려 하지 않았느냐! 그런데 지금은 무엇 때문에 지백을 위해 복수를 하려 하느냐?"

예양이 대답했다.

"위중행은 평소 나를 보통 사람으로 대했소. 그러니 나도 보통 사람처럼 그를 대했을 뿐이오. 그러나 지백은 나를 상전처럼 대우했소. 그러니 나도 상전의 신분으로 그에게 보답하려는 것이오. 선비는 지기(知己)를 위해선 죽는 것도 두렵지 않소이다."

비장하게 죽음을 맞은 사람과 비굴하게 목숨을 살린 사람

진(秦)나라 말기 각지에서 진을 반대하는 봉기가 우후죽순처럼 나타나기 시작했다. 전횡(田橫)이란 사람도 그중 한 사람으로 제(齊)나라를 세우고 자칭 제왕이 되었다.

서한 정권이 건립되자 전횡은 500명의 군졸을 이끌고 한 섬으로 피난을 갔다. 그러자 유방이 섬으로 사신을 보내어 그의 귀순을 권했다.

"만약 한나라에 귀순하면 제후로 봉할 것이다."

이 말을 전해 들은 전횡은 두 문객만 데리고 낙양(洛陽)으로 올라갔다. 낙양에 거의 도착하자 전횡이 두 문객에게 말했다.

"지난날 나와 유방은 모두가 제왕에 올랐으니 기실 지위는 같았던 거요. 오늘날 유방이 황제가 되었고 나는 섬으로 도주한 포로가 되었소. 이제 나보고 유방의 신하가 되라고 하는 것은 나에 대한 최대의 모욕이오. 이런 모욕을 달갑게 받아들이느니 아예 죽는 편이 더 나을 것 같소."

말을 마친 전횡은 즉시 칼을 뽑아 자결하였다.

전횡이 제후의 자리를 탐내지 않고 스스로 죽음을 택한 것은 실로 비장한 일이라 하겠다. 이 소식을 들은 유방은 심히 감동하여 눈물을 흘렸다고 한다. 유방은 전횡이야말로 덕망과 재능을 겸비한 아까운 사람이라고 칭송하였다. 사학가 반고(班固)도《한서(漢書)》에서 전횡을 영웅이라고 칭찬하였다. 당나라 대문호 한유(韓愈)가 전횡의 묘지를 지날 때 제문 한 편을 지어 그를 애도하였다.

얼마나 많은 사람이 죽었는지 누구도 알 수가 없다. 그러나 군의 죽음은 오늘날까지도 찬란히 후세 사람을 비추고 있도다.

용감하고 장렬한 기개와 사람들로 하여금 경외로움을 불러일으킨 전횡의 절개는 오늘날까지 그 생명력을 이어 오고 있다.

동한(東漢) 말기 군벌이 도처에서 할거하여 전국이 전화(戰禍)의 잿더미가 되고 있었다. 이때 여포(呂布)가 서주(徐州)를 점령했다가 훗날 조조에게 패하여 포로가 되었다. 조조가 여포의 목을 막 거두려는 순간 여포가 이렇게 말했다.

"당신의 가장 큰 우환거리는 나 여포가 아니었습니까? 그런데 지금 이 여포가 당신에게 생포되어 귀순하였습니다. 지금 당신이 이 사람을 살려 주어 기병(騎兵)을 인솔하고, 당신이 보병을 인솔한다면 천하를 평정하는 일은 손바닥 한 번 뒤집는 것보다 어렵지 않을 것입니다."

그래나 조조는 여포의 말에 아랑곳하지 않고 좌우에 명해 여포의 목을 베게 했다.

여포의 재능은 결코 전횡보다 뒤지지 않았다. 하지만 굴욕적인 태도를 보이면서까지 자기를 패배시킨 원수를 섬기려고 한 인격은 후세 사람들의 비난을 받고 있다. 북송(北宋)의 문장가인 소식(蘇軾)은 다음과 같은 시를 썼다.

승승장군 여포가 대패하여 생포됐으니
말안장을 갈아타고 조조를 섬기었네

5대 시기 연주(燕州)에 할거하고 있던 유수광(劉守光)이 전패하여 진왕(晉王) 이존욱(李存勖)에게 생포되었다. 이제 죽을 날이 멀지 않았다고 생각한 유수광이 진왕 앞에 꿇어앉아 울며불며 애걸했다.

"진왕께서는 당나라의 천하를 회복하려는 큰 포부가 있지 않사옵니까? 저는 말 타기와 활에 능하오니 부디 이 한 목숨 살려 주시면 대왕께 충성을 다하여 결초보은하오리다."

이러한 자는 사실 저급하기 짝이 없는 인간이라 하겠다. 노예근성이 그대로 노출된 소인배에 불과한 것이다. 이러한 자는 욕을 할 가치조차도 없다.

백성이 대신들을 경외하는 것은
군왕의 위엄이 당당하기 때문이다

한번은 내 아들이 '호가호위(狐假虎威)', 즉 '여우가 호랑이의 위엄을 빌린다'란 고사성어의 뜻이 무엇이냐고 물어왔다. 그래서 나는 아들에게 《전국책(戰國策)》과 《신서(新書)》 두 책에 기재되어 있는 이야기를 들려주었다.

《전국책》에는 이런 이야기가 기재되어 있다.

하루는 초선왕(楚宣王)이 군신들에게 물었다.

"과인이 듣건대 북방 사람들은 모두 대장군 소해휼(昭奚恤)을 무서워한다 하오. 그래 그 말이 정말이오?"

군신들은 뭐라 대답해야 좋을지 몰라 서로 눈치만 살폈다. 이때 강을(江乙)이라는 신하가 나서서 대답했다.

"호랑이는 백수(온갖 짐승)의 왕이라 하옵니다. 호랑이는 백수를 잡아먹는 것이 일입니다. 하루는 호랑이가 여우를 잡았사옵니다. 호랑이는 한때 맛있게 먹을 수 있는 게 잡혔다고 기분이 좋았습니다. 이때 여우가 말했습니다.

'호랑이님, 당신은 나를 감히 먹지 못할 겁니다. 천제(天帝)가 나를 백수의 왕으로 내려 주었는데 만일 당신이 나를 먹어 버린다면 그것은 천제의 명을 어기는 것이 아닙니까? 이 말을 당신이 믿지 못하겠으면 한 번 나를 따라서 몇 곳을 다녀 봅시다. 백수들이 나를 보면 겁에 질려 꼬리를 들고 도망칠 테니까요.'

호랑이는 하찮은 여우가 큰소리만 탕탕 친다면서 '그래, 그럼 어디 너의 그 잘난 위엄 한번 보자꾸나' 하고 따라나섰습니다. 그런데 아닌 게 아니라 백수들은 그들을 보자 모두 겁에 질려 도망을 치는 것이 아니겠습니까? 호랑이는 백수들이 자기가 무서워 도망친 줄은 모르고 여우가 무서워 도망친 줄로 알았습니다. 지금 대왕께서는 5천 리나 되는 넓은 땅을 지니고 계시오며, 백만이 넘는 대군이 대왕을 따르고 있습니다. 소해휼은 대왕님의 군대를 지휘하는 대장군일 따름입니다. 북방 제국이 소해휼을 겁내는 것은 기실 대왕님과 대왕님의 백만 대군이 무서워서입니다. 이것은 백수가 호랑이가 무서워 피한 도리와 같은 것입니다.”

《신서》에도 《전국책》의 내용과 똑같은 이야기를 적고 있다. 다만 이야기 끝에 '때문에 다른 사람들이 대신들을 경외하는 것은 기실 군왕의 위엄이 당당하기 때문이다. 가령 군왕이 그 신하를 경질시키면 그 신하는 그 즉시 모든 위엄이 사라지고 마는 것'이라는 결론을 덧붙였다.

용감하나 지모가 모자란 자들은
명장을 어린아이 취급한다

전국시대 진(秦)나라가 조(趙)나라를 포위하였다. 조왕은 평원군 (平原君) 조승(趙勝)을 초(楚)나라에 보내어 원조를 청했다. 초왕은 조나라를 원조해야 할지 말아야 할지 결단을 내리지 못했다. 이때 모수(毛遂)가 앞으로 나와 간하였다.

"진나라 장군 백기(白起)는 어린애와 같사옵니다. 과거 백기는 진군을 인솔하여 우리 영토인 언릉(오늘날의 하남성 은릉)·영도(오늘 날의 호북성 강릉북)·이릉(오늘날의 호북성 이창) 등지에 쳐들어와 백 성들을 학살하고 도처에 불을 질렀습니다. 그야말로 우리 선조들 의 낯이 깎이는 일이었습니다. 백기란 작자는 불공대천의 원수나 마찬가지이옵니다."

기실 백기는 진나라에서 여러 차례 혁혁한 전공을 올렸다. 특히 백기가 장평(長平, 오늘날의 산서성 장자현)에서 올린 대첩은 아주 유명하다. 그런 그를 과연 어린애라고 말할 수 있겠는가.

서한(西漢) 초기에 누군가가 한신이 모반하려는 것 같다고 유방에게 밀고하였다. 유방이 무장들을 소집한 후 대책을 의논하였다. 그러자 무장들은 이구동성으로 대답했다.

"당장 군사를 풀어 그 젖먹이 어린애를 처단해 버려야 하옵니다."

유방은 무장들의 말을 듣고 말없이 생각에 잠겼다. 이때 진평(陳平)이 간하기를 한신의 군사력이 막강하니 경거망동할 것이 아니며 여기 무장들을 다 합쳐도 한신 한 사람을 대응하지 못할 것이라 했다.

영포(英布)가 모반을 꾀하며 막 일을 시작하려 할 때 누군가 그를 밀고했다. 유방이 또 무장들을 소집하고 대책을 논의했다. 무장들은 이구동성으로 대답했다.

"당장 군사를 풀어 그 코흘리개를 생매장합시다."

기실 백기·한신·영포의 재능은 출중했다. 그들은 마치 닭 무리 속의 백학처럼 군사적 지휘력이 빼어났던 사람들이다. 그런데 그들을 어린애로만 본다면 천하에 누가 장사(壯士)라는 이름을 얻을 수 있겠는가. 모수가 백기를 어린애로 비하한 것은 초왕을 자극하여 '합종'의 이해득실을 분명히 하기 위한 수법일 뿐이다. 하지만 한나라 유방의 무장들은 주발(周勃)이나 번회와 같이 속이 빈 장군들이어서 깊이 생각하지 않고 던진 말이다. 그들은 용감무쌍하지만 지략이 모자라는 무장들이었다. 그러니 한신이 한낱 어린애로 보였던 것이다.

이후 한신은 유방의 성지(聖旨)에 따라 포승에 묶여 경성으로 끌려왔다. 그리고 장안(長安) 경성에서 허울만 있는 열후(列侯)라는 작위만을 가진 채, 할 일 없이 세월을 보내는 한낱 '필부(匹夫)'로 전락되고 말았던 것이다.

그러나 그의 위엄은 사라지지 않았다. 하루는 한신이 번회를 면회하러 갔다. 번회는 공손히 그를 맞이했고 공경으로 대우했다. 뿐만 아니라 자칭 소신(小臣)이라 낮추며 한신을 높이 받들었다.

영포도 이런 말을 한 적이 있다.

"여러 장군 중 내가 두려워하는 장군은 회양후(淮陽侯) 한신과 양왕(梁王) 팽월(彭越) 두 사람뿐이다. 이제 그들이 다 죽었으니 천하 두려운 장군이 없도다."

이들을 소위 '세 어린애'라고 부른 사람들은 용감하긴 하나 지모가 한참 모자란 자들이다. 마치 장의(張儀)가 소진(蘇秦)을 '믿을 수 없는 사람'이라고 평가 절하한 예와 흡사하다. 유방이 그들의 말을 듣고도 일언반구도 없이 생각에 잠긴 것은 그 자신이 누구보다 한신의 능력을 잘 알고 있기 때문이었다.

부드러움으로 강함을 누그러뜨린 설득의 기술

소하(蕭河)는 한고조 유방을 도와 남북을 돌아다니며 공적을 남긴 보기 드문 개국공신이다. 한나라를 건립한 후의 일이다. 장안 주변에는 경작지가 많지 않았다. 소하는 어화원(御花苑)에 한 뙈기 빈터가 있는 것을 알고는 유방에게 상주하여 그 땅을 백성들에게 나눠 주어 농사를 짓게 하는 것이 좋겠다고 하였다. 소하의 이 청원이 유방의 비위를 건드렸다. 유방은 노발대발하여 소하를 투옥시켰다. 이때 왕위위(王尉衛)가 유방에게 물었다.

"폐하께서는 어인 일로 재상을 투옥시켰습니까?"

성이 풀리지 않은 유방이 한바탕 푸념을 늘어놓았다.

"진(秦)나라 때 승상 이사(李斯)는 진시황을 모시면서, 공은 언제나 진시황의 몫으로 돌렸고 과실은 언제나 자기의 몫으로 돌렸소. 충신의 모습이란 바로 그러한 것이오. 그런데 지금 소하가 하는 모습이 어떻소? 과인의 어화원 땅을 백성들에게 떼 주자는 것이 아니겠소! 소하는 그들에게서 뇌물을 받아 먹은 것이 분명하오. 과인은 그를 단단히 문죄할 작정이오!"

왕위위는 유방이 성이 나서 이렇게 말한 것이라고 판단하고는 조용히 유방에게 설명하였다.

"나라와 백성들에게 유익한 일을 집행하기 위하여 폐하께 상주한 것은 재상의 본분이옵니다. 소상국(蕭相國)의 처사에는 틀린 점이 없사옵니다. 폐하께서 초나라와 대결할 때 소상국이 관중(關中)을 지켜 후방을 튼튼히 하지 않았사옵니까? 그때 그는 자신의 사사로운 이득은 챙기지 않았사옵니다. 그런데 그가 지금이 어느 때라고 사리를 도모하는 일을 하겠사옵니까? 진시황은 대신들의 상주를 무시하고 독재를 부렸기에 나라가 망한 것이옵니다. 이사승상이 진시황의 착오를 덮어 준 것은 오히려 진시황의 독재에 부채질을 한 것과 다름없는 일이었습니다. 그런데 그것이 부럽사옵니까?"

유방은 원래 성이 나서 소하를 투옥시킨 것인지라 왕위위의 충고를 듣고 난 후 이내 소하를 다시 복직시켰다.

당태종(唐太宗) 이세민(李世民)은 삼품(三品) 이상 대신들이 위왕(魏王)을 경시하지는 않는가 하고 의심했다.

"과인이 알건대 수나라의 일품(一品) 이상 대신들 중 좋은 말로를 보낸 사람은 없소. 과인은 과인의 아들들을 함부로 경시하는 일은 허용치 않을 것이오."

그러자 위징(魏徵)이 앞으로 나서며 간하였다.

"수고조(隋高祖)는 자식의 교양과 예의가 어떠한지를 잘 몰랐사옵니다. 그래서 무턱대고 자식들을 지나치게 총애하였습니다. 그 때문에 그의 자식들이 예법에 맞지 않은 일들을 수없이 많이 저지른 것이 아니겠습니까? 그런데 결과는 어떠하옵니까? 모두 쫓겨나거나 폐위되고 말았습니다. 수고조가 행한 바는 따라 배울 바가 없습니다."

한고조와 당태종은 일시 그릇된 말을 하여 자신들의 존엄성에 큰 손상을 입었다. 그러나 마침 왕위위와 위징 같은 대신들이 있어 자신의 그릇된 말을 시정할 수 있었다. 그들은 직언을 하면서도 그 속에 완곡한 뜻을 담아 황제를 설득하였으므로 황제도 이를 받아들이지 않으면 안 되었다. 왕위위와 위징이 간한 말은 대의명분을 지킨 것이었으니, 비록 두 명군이 아니더라도 그 누군들 그들의 설득을 받아들이지 않을 수 있었을까?

절개를 숭상하여 죽음 앞에 떳떳하다

동한(東漢) 후기 당파 간의 불화에 휘말려 명망 높고 재덕을 겸비한 사대부 100여 명이 피살되었다. 전국 각지 그 어디서나 이 재앙을 모면할 수 없었다. 그중 특출했던 몇 가지 사건은 사서에 기록되어 있다. 그러나 당시 이들 사화에 연루되기는 했지만 크게 주목되지 않은 사람 중에는 그래도 절개를 숭상하고 의리를 지킨 사대부들이 많이 있었다. 그러나 그들의 지위가 낮고 사건도 특별한 것이 못 되어 사서에는 오르지 못하고 별전 같은 저서에 부록으로 기재되어 있는 것이다.

　이응(李膺)은 당쟁으로 인해 옥사했다. 그의 제자와 부하들은 모두 연루되어 서민으로 강등되든지, 혹은 노비의 신세가 되었다. 시어사(侍御史) 경의(景毅)의 아들도 이응의 학생 중 한 사람이었다. 그런데 다행히도 명부에 그의 이름이 없어 겨우 피해를 모면할 수가 있었다. 그러나 경의는 비분강개해서 다음과 같이 말했다.

"이응이 재능이 있고 덕망이 높아 나의 아들을 그 문하생으로 보냈는데, 그만 아들의 이름이 그의 명부에서 빠져 버렸다. 그렇다고 내 아들이 법적 처벌을 안 받을 이유는 없는 것이다."

그는 이 사정을 상소하고는 아들의 귀가를 거절하였다.

고성(高城, 오늘날의 하북성 염산) 사람 파숙(巴肅)은 본의 아니게 당쟁의 명단에 들어가자 스스로 현청에 가서 처벌받기를 원했다. 그러자 현령이 감동되어 깨알만 한 자신의 작은 관직을 깨 버릴지언정 어떻게든 파숙을 살리려고 그와 함께 도주하려고까지 했다. 그러나 파숙은 그의 호의를 거절하고 법에 따라 단속해 달라고 요청했다.

정강(오늘날의 하남성 광성 동남쪽) 사람 범방(范謗)은 벼슬에서 물러나 집에 거하고 있었다. 그런데 조정에서 그를 수배하여 하옥시키라는 명령이 내려왔다. 정강군의 독우(督郵, 태수를 대표하여 향진[鄕鎭]을 감독하고 조정 명령을 선전하고 감옥을 관장하는 관리) 오도(吳導)가 그 명을 들고 범방이 있는 현으로 찾아왔다. 그는 조정의 영장을 소매에 감추고 여관의 출입문을 안으로 잠근 후 하염없이 눈물을 흘렸다. 범방을 차마 잡아들일 수가 없었기 때문이었다.

이 소문을 들은 범방은 스스로 현청의 감옥을 찾아갔다. 현령 곽읍(郭揖)이 깜짝 놀라 관인과 관모를 내던지고 범방의 팔을 끌고 밖으로 뛰어나갔다. 이때 범방이 태연히 말했다.

"아니올시다. 이 사람이 죽으면 천사만사가 태평하게 될 것입니다. 어찌 나의 일로 대감을 연루시키겠습니까!"

당쟁에 시달린 장검(張儉)이 외지로 도망갔다. 그의 처지는 위험하기 짝이 없었다. 그런데 그가 가는 곳마다 당지 관리들은 관직을 버리더라도 그를 보호하겠다고 팔을 걷어붙이고 나섰다. 장검이 지나쳐 간 지방의 관리들은 그를 보호해 주었다는 죄명으로 10여 명이나 죽임을 당했다. 장검이 동래(東萊, 오늘날의 산동성 야현)로 피난 가서 이독(李篤) 집에 숨어 있었다. 외황(外黃, 오늘날의 하남성 민권현 서쪽) 현령 모흠(毛欽)이 병졸을 이끌고 이독 집에 도착하였다. 그러자 모흠이 이독의 어깨를 두드리며 그에게 말하였다.

"춘추시대 위국(衛國)의 대부 거백옥(籧伯玉)은 자기 혼자 군자(君子)가 되는 것을 치욕으로 생각했네. 그런데 지금이 어느 때라고 당신이 홀로 인의를 지켜 군자가 되려 하오?"

말을 마친 모흠이 한숨을 내쉬면서 되돌아갔다. 이렇게 하여 장검은 또 한 번 재앙을 피했다.

몇 년 뒤 상록(上祿, 오늘날의 감숙성 성현) 현령 화해(和海)이 조정에 상주하였다.

"당인(黨人)을 수금하는 것은 어쩔 수 없는 일이지만, 5족 이내의 가족을 모두 하옥시키는 것은 정상적인 법령이 못 됩니다."

조정에서는 그의 상주를 받아들여 당인(黨人)의 조부모 이하의 친족들은 모두 사면토록 하였다.

이상 몇몇 후한(東漢)시대 군자들이 행했던 처사는 그 당시 사대부들이 자신들의 절개를 얼마나 숭상했는가를 아주 잘 설명해 준다고 할 수 있다.

간신이라고 늘 간신 짓만 하는 것은 아니다

하송은 송인종(宋仁宗) 때의 대신이다. 그의 직책은 전국의 군사와 정치를 관장하는 추밀사(樞密使)까지 이르렀다. 그는 관직도 높았거니와 재능도 있었다. 그런데 탐욕이 많고 권모술수를 잘 써서 세인들은 그를 간신의 부류에 넣고 있다. 그러나 그렇다고 하여 그가 항시 간신 짓만 한 것은 아니었다.

송인종(宋仁宗) 보원(寶元) 강정(康定)년에 당항족(黨項族) 원호(元昊)가 공개적으로 송조에 반기를 들고 서하(西夏)라는 왕조를 건립하였다. 그리하여 송과 하 두 나라는 서로 대결하며 맞서게 되었다. 이때 섬서(陝西) 군대의 통수가 하송이었고, 부통수는 한기(韓琦)였다. 서하의 대군이 섬서 지역을 침공하자 한기는 수하 대장 임복(任福)에게 회원성(懷遠城)을 뚫고 들어가 득승채(得勝寨)를 점령한 뒤, 서하군의 후면을 돌아 퇴로를 차단케 했다. 상황에 따라 적군을 습격할 기회가 나면 습격하고 그렇지 못하면 죽은 듯이 매복해 있다가 적들이 후퇴할 때 돌연 기습토록 작전 계획을 짰다.

이 한 번의 전투는 전쟁의 승패를 좌우할 만큼 중요했다. 그래서 한기는 임복에게 반드시 계획대로 행동하기를 신신당부했다. 못 미더웠던 한기는 임복에게 군령장(軍令狀)까지 쓰게 했다. 계획대로 집행하지 않으면 혹시 승리하였다 하더라도 군령장에 의해 군공을 승인하기는커녕 목을 자른다는 내용이었다.

하지만 임복은 적의 계략에 빠져 지정된 곳으로 가지 않고 호수천(好水川)으로 가다가 서하군의 복병에 습격당했다. 그리하여 송군(宋軍)은 대패하고 임복은 목 없는 귀신이 되고 말았다.

이러한 소식이 조정에 전해지자 조정 안팎은 난장판이 되었다. 급기야는 한기가 지휘를 잘못했기에 저지른 후과라고 질타하였다. 그야말로 한기의 운명이 위태로운 처지에 이르게 되었다.

하송이 살아남은 병졸들을 모집하고 전쟁터를 정리하였다. 그러다 임복의 옷에서 한기가 내린 군령장을 발견하였다. 하송은 즉시 조정에 보고서를 올렸다. 호수천의 실패는 한기의 지휘 착오가 아니며 따라서 한기에게는 죄가 없다는 내용이었다.

이 군령장이 있었기에 한기는 죽음을 면했고, 직급을 한 등급 강직당하는 처분만을 받았다. 그러한 한기는 훗날 송조(宋朝)의 명재상이 되었다.

하송은 이상에서 소개한 바와 같은 좋은 일을 행했다. 그러나 후세의 사대부들은 이 사실을 모르고 그에 대해 일방적인 평가만 하고 있는 듯하다. 그래서 내가 이 일을 써서 널리 알리는 바이다.

당조(唐朝)의 이교(李嶠)는 당중종(唐中宗) 때 재상으로 있었다. 그는 당중종의 눈치만 보며 그의 비위를 맞추느라 애를 썼다. 그래야 재상직을 오래 지킬 수 있었기 때문이다. 그러자 수하 대신들과 세인은 이교를 질책하였다. 그러나 그런 그도 한 가지 좋은 일을 한 적이 있다.

측천무후(側天武后)가 집권할 때 혹리(酷吏) 내준신(來俊臣)이 충신 적인걸(狄仁傑)을 모함하여 하옥시켰다. 그리고 적인걸에 사형을 구형했다. 측천무후가 이 상소를 받고 급사중(給事中) 이교(李嶠), 대리사소경(大理寺少卿) 장덕유(張德裕), 시어사(侍御史) 유헌(劉憲) 등 세 명에게 재심을 맡겼다. 장덕유와 유헌은 측천무후의 위세와 내준신의 세력이 무서워 적인걸이 억울하다는 것을 엄연히 알면서도 그를 대신해 변명하지 않았다. 그런데 뜻밖으로 이교가 생각을 달리하였다.

"그의 억울함을 뻔히 알면서 폐하께 억울한 사정을 상주하지 않는 것은 의리를 저버리는 것이 아니겠소이까?"

이교는 끝내 그들 둘을 설득시켜 세 사람이 연명으로 적인걸의 억울함을 상소할 수 있게 하였다.

그러나 측천무후는 상소를 받아들이는 대신 대노하여 이교를 파면시켰다. 조정에서 쫓겨난 이교는 윤주(潤州, 지금의 강노성 진강)의 사마로 내려갔다. 하지만 적인걸은 그의 도움을 받아 면죄를 받았다.

상황에 따라 죄의 경중이 달라지다

서한(西漢)의 명장 이광(李廣)이 흉노와의 전투에서 패하자 서인으로 강등되었다. 이광은 남전(藍田, 지금의 섬서성 경내)에 은거하면서 사냥으로 생계를 이어 갔다. 하루는 아래 사람과 함께 말을 타고 외출했다가 아는 사람과 더불어 밤새도록 술을 마셨다. 귀갓길에 패릉정(覇陵亭)을 지날 때였다. 술기운이 머리꼭지까지 오른 정위장(亭尉長)이 이광에게 누구냐며 호통을 쳤다. 이광이 아무리 설명을 해도 그는 어디서 큰소리를 치냐며 막무가내로 통행을 금지시켰다.

　이광은 하는 수 없이 정자 한쪽 귀퉁이에서 밤을 지새워야 했다. 이 일이 발생한 지 얼마 지나지 않아 이광은 우북평(右北平, 지금의 내몽골 혁봉남) 태수로 발령받았다. 이광은 패릉 정위장을 초청하여 그와 함께 우북평으로 갔다. 그리고는 우북평에 도착하자마자 그 정위장을 단칼에 베어 버렸다. 분풀이를 한 것이나 다름없었다. 일을 저지른 이광은 황제에게 죄를 내려 달라는 상서를 올렸다. 그러나 이광의 상서를 받은 한무제(漢武帝)의 대답은 뜻밖이었다.

"과인은 장군이 어디에든 분풀이하기를 바랐소."

동한(東漢) 말기 왕망(王莽)이 정권을 찬탈하였다. 그는 수하 대신들을 아주 엄하게 방비하였다. 하루는 대사공(大司空) 왕읍(王邑) 수하의 한 사람이 봉상정(奉常亭)을 지나다 술에 대취한 정위장(亭尉長)과 맞부딪히게 됐다. 그가 자신의 신분을 말했지만 술기운이 거나하게 오른 정위장은 누구 앞에서 신분 운운하느냐며 호통을 칠 뿐이었다.

왕읍의 수하는 어디서 되먹지 못한 놈이 날뛰느냐며 채찍으로 정위장을 몇 대 갈겼는데 이에 대노한 정위장은 굴욕을 참지 못하고 그의 목을 베어 버렸다. 정위장은 자신이 저지른 살인죄가 두려워 시체를 방치한 채 심야에 도주해 버렸다.

현령(縣令)이 이 일을 알고 사람을 도처에 풀어 정위장을 수배하였다. 그러자 정위장의 집사람들이 왕망에게 상소하여 억울함을 하소연하였다. 이에 왕망이 소령(詔令)을 내렸다.

"정위장은 공무를 집행한 것뿐인데, 그에게 무슨 죄가 있겠는가? 그의 수배령을 거두고 다시는 수배령을 내리지 말도록 하라."

이상에서 소개한 두 정위장은 다 같이 만취한 상태에서 일을 저질렀지만, 패능정의 정위장은 말로 호통을 쳤을 뿐인데도 목숨을 부지하지 못했다. 한편 한무제는 정위장을 죽인 이광을 문책한 것이 아니라 오히려 바라는 바였다고 했다.

봉상정의 정위장은 성난 김에 대사공 수하의 사람을 죽이기까지 하였으나 오히려 공무 집행 중에 저지른 과실이라 하여 그를 문책하지 않았다. 어찌 보면 웃기는 일이라고 하지 않을 수 없다.

수려한 거목이 비바람을 더 맞는다

한 나라의 대신이라면 마땅히 천하 백성을 책임져야 함은 물론이 거니와 다른 한편으로는 황제가 위임하는 바에 따라 나라를 다스려야 한다. 이런 현신(賢臣)이 있는 나라는 복이 있는 나라이다. 그러나 현신만 있어도 안 된다. 바로 간신을 엄하게 다루어 그들이 정권에 참여하지 못하도록 해야 나라가 진정으로 평안해진다. 간신 소인배들이 득세하면 충신은 한쪽으로 밀려나게 되고 아무리 재능이 있어도 발휘할 수가 없게 되는 법이다. 역사상 이런 예는 너무도 많다. 당조(唐朝)와 송조(宋朝)의 대표적인 사례를 들어 보기로 하자.

당조의 저수량 장손무기(長孫無忌)가 이의부(李義府)와 허경종 (許敬宗)의 참언에 피해를 입었고 장구령(張九齡)이 이임보(李林甫) 의 모함을 받았다.

당헌종(唐憲宗) 때는 재상 배도공(裵度公)이 회·채·청·운 등지에서 군공을 세웠으며 '안사의 난'에 의해 문란해졌던 나라의 기강을 바로 세우는 일에서도 큰 공을 세웠다. 가히 일대의 명재상이라 일컬어질 만한 인물이었다. 그러던 중 황보박이라는 간신이 조정 일에 참여하게 되면서 배도공은 점차 배척당하기 시작했다. 목종(穆宗)·경종(敬宗)·문종(文宗) 때는 황제가 현명하지 못해 원진(元填)·이봉길(李逢吉)·종민(宗閔) 등이 자꾸 참소하였으며, 이에 따라 배도공은 하루도 발을 뻗고 잠을 잘 수가 없었다.

송나라에 이르자 이런 일이 더욱 많아졌다. 개국대신 조보(趙普)는 노다손(盧多孫)의 참해를 받았고, 구준(寇準)은 정위(丁渭)의 참소를 받아 불안한 생활을 해야 했다. 진집중(陳執中)과 가창조(賈昌朝)는 두연(杜衍)과 범중엄(范仲淹)을 참소했고 왕안석(王安石)은 부필(富弼)을 참소하였다. 장순은 범순인(范純仁)을, 진회(秦檜)는 조정(趙鼎)을 참소한 것 등이 그 대표적인 예이다.

왕이 바뀌고 왕조가 바뀌어도 흔들림 없는 보좌관

재상이란 오직 한 사람의 아래에만 있을 뿐, 만인의 위에 있는 귀인(貴人)이다. 황제를 제외하고는 관직이 제일 높은 관리가 바로 재상이기 때문이다. 황제는 일반적으로 재상을 자주 바꾼다. 그래야 황권(皇權)을 튼튼히 하여 통치를 유지할 수 있다고 생각하기 때문이다. 또한 황제가 바뀔 때나 왕조가 바뀔 때면 재상이 아래의 대신들을 물갈이한다. 이를 두고 '일조천자(一朝天子)에 일조신(一朝臣)'이라 했으니 임금에 따라서 신하들이 바뀐다는 뜻이다.

그런데 역사상 한 재상이 있었으니, 그는 황제가 바뀌어도 재상 자리를 지켰고, 심지어는 왕조가 바뀌어도 재상의 보좌에 흔들림이 없었다. 그가 바로 오대시기(五代時期)의 풍도(馮道)라는 인물이다. 그는 다섯 왕조의 여러 황제 아래에서 재상을 지냈다.

그가 후한(後漢) 은제(隱帝)의 재상으로 있을 때다. 그는 스스로

74

'장락로(長樂老, 언제나 즐거워하는 노인)'라 칭하면서 '장락로자서(長樂老自序)'를 썼다. 그는 자서문에서 다음과 같이 피력하였다.

나는 연(燕)에서 하동(河東)으로 도망간 후 당장종(唐莊宗), 명종(明宗), 민제(愍帝), 청태제(淸泰帝), 후진(後晋)의 고조(高祖), 소제(少帝), 거란의 임금을 섬겼으며, 후한(後漢)의 고조(高祖)와 현재의 황제를 섬기고 있다. 삼세(三世)에 사부(師傅)로 있었고 관급은 장사랑(將士郞)으로부터 개부의동삼사(開府儀同三司)에 이르렀다. 직무는 유주순관(幽州巡官)으로부터 절도사(節度使)로 되었고, 관직은 대리평사(大理評事)에서 중서령(中書令)까지 맡아 보았다. 정관(正官)은 중서사인(中書舍人)으로부터 태사(太師)로 승격했고 직위는 개국남작(開國男爵)으로부터 제국공(齊國公)까지 되었다.
내가 이처럼 뭇 황제의 편애를 받을 수 있었던 것은 내가 한평생 지켜 온 인생 원칙이 있었기 때문이다. 나는 한평생 부모를 공경하며 효성을 바쳤고, 나라에 충성하기 위해 전력투구로 일해 왔다. 나는 한평생 사리에 어긋나는 말을 하지 않았고 인의롭지 못한 재물을 받은 일이 없다. 나는 한평생 하늘과 땅을 속인 일이 없으며 사람을 속인 일이 없다. 나에게 한 가지 부족한 점이 있다면 그것은 황제를 도와 천하를 통일시키지 못한 것이다. 이는 나를 신뢰하고 중시한 뭇 황제들에게 대단히 죄송한 일이 아닐 수 없다. 지금 나이도 많고 몸도 불편하지만 나는 언제나 처음부터 끝까지 스스로 즐거움을 찾아 이를 누리고 있다.

풍도의 이 고백은 범질(范質)의《오대통록(五代通錄)》에 기재되어 있다. 그의 말을 통해서 그가 그처럼 오래도록 재상 자리를 지킬 수 있었던 비결을 찾아볼 수 있다. 즉 그는 바람개비처럼 바람 따라 뱅뱅 돌며 언제나 날카로운 끝을 깎아서 유리알처럼 매끄럽게 처신했던 것이다. 그의 이러한 생기발랄한 처신법은 당시 대신들도 못마땅하게 여겨 그를 조소하거나 비웃었다. 구양수(歐陽修)와 사마광(司馬光) 등은 풍도에 대해 염치가 없고, 영욕을 분간할 줄 모르고, 관직을 탐내어 여러 번 자신이 모시던 황제를 배반하였다고 평하고 있다.

또 한 사람 풍도와 비슷한 재상이 있었으니 바로 왕부(王溥)이다. 그는 후주(後周) 태조(太祖) 때부터 재상으로 있은 이후 주세종(周世宗)과 주공제(周恭帝)를 거쳐 송조(宋朝) 태조(太祖) 조광윤(趙匡胤)이 주나라를 멸망하고 새 황제가 되었을 때도 재상으로 있다가, 태조(太祖) 건덕(乾德) 2년(964년)에 가서야 재상직에서 물러났다. 그도 훗날 '자문시(自問詩)'를 지었는데 그 서문에 아래와 같이 적고 있다.

나는 25세 때 진사갑과(進士甲科)에 급제하여 주태조(周太祖)를 따라 하중 일대를 공격하였는데, 이때 큰 공을 세워 재상에 올랐다. 내가 재상으로 있었던 시간은 11년간으로 그사이 왕조가 네 번이나 바뀌었다. 작년 봄 황은이 망극하여 나에게 태유태보(太儒太保) 직을 내렸다. 나는 아는 것이 제한되어 있고 지식이 천박하였지만 이 같은 영화를 누리고 높은 대우를 받을 수 있었던 것은 가장 큰 행운이었다. 내가 과거에 급제하여 재상이 되기까지는 불과 14~15년밖에 걸리지 아니하였다. 이제 내 나이 마흔셋이라 조정에 나가 적당히 정사를 돌보는 일 외에는, 평소에는 집에서 염불을 읽고 태평을 노래할 따름이다.

영원히 관직을 지키려면 풍도와 왕부를 따라 배우면 될 듯하다. 하지만 그들의 처신 방법이 옳고 그름은 다시 숙고해 볼 일이다.

나라의 양대 기둥, 재상과 대장군은
신중에 신중을 기해 뽑아야 한다

한고조(漢高祖)가 중병에 걸려 목숨이 오늘내일 하였다. 그러자 여후가 근심스럽게 물었다.

"소하(蕭河)가 죽는다면 재상 직에는 누가 마땅하옵니까?"

"조삼(曹參)이 마땅하오"라고 고조가 대답했다.

소하가 한혜제(漢惠帝)를 보필하며 한나라 황실을 지켰다. 한번은 소하가 중병에 걸렸다. 이때 혜제가 소하에게 물었다.

"만일 경이 세상을 하직하게 되면 누가 경을 대신하여 재상이 될 수 있소?"

소하가 대답했다.

"군주만큼 신하를 아는 사람이 없사옵니다."

황제가 다시 물었다.

"그럼 조삼이 어떠하오?"

소하가 대답했다.

"그 사람은 폐하께서 잘 고르셨사옵니다."

그때 조삼은 제(齊)나라에서 재상으로 있었다. 소하가 저세상으로 갔다는 소식을 들은 조삼은 서둘러 수하의 사람을 경성으로 보내어 그의 죽음을 애도하였다. 그때 그는 이미 앞으로 자기가 한나라의 재상이 될 것 같다고 말했다. 아닌 게 아니라 얼마 뒤 황제가 성지를 내려 그를 재상으로 맞아들였다.

조괄(趙括)은 어릴 때 병서를 익혔다. 부친 조사(趙奢)가 병법 중에서 이것저것 물을 때마다 그는 막힘없이 대답했다. 그러나 부친 조사는 이에 만족하지 않았다. 조괄이 익힌 것은 책 속의 병법일 뿐 대사를 이룩하기에는 아직 모자란다는 이유 때문이었다. 그는 부인에게 조용히 귀띔하였다.

"차후 조(趙)나라가 그 애를 장군으로 삼으면 꼭 대패하고 말 거요."

훗날 조나라 대장군 염파(廉頗)가 장평(長平)에서 진(秦)나라 군대와 대치 상태에 처하게 되었다. 장장 3년간 톱질하듯 밀고 당기는 전투가 계속되었다. 그러자 진나라에서 반간계(反間計)를 썼다. 그리하여 응후(應侯) 범수가 진왕의 명을 받고 많은 금은보화를 들고 조왕 효성왕(孝成王)을 만났다. 그리고 효성왕을 만난 자리에서 범수가 진언하였다.

"진나라 군사는 사실 조나라의 조괄 장군을 가장 두려워합니다."

조나라 효성왕은 그의 말을 그대로 믿었다. 효성왕은 조괄에게 군사를 통솔하는 대권을 주었다. 이 소식을 들은 인상여(藺相如)와 조괄의 모친이 효성왕에게 진언하였다. 하지만 효성왕은 조괄을 대장으로 세운 것을 바꿔 달라는 그들의 진언을 거절했다.

진왕(秦王)은 조괄이 조나라의 대장군으로 임명되었단 말을 전해 듣고는 그 즉시 백기(白起)를 장군으로 임명하였다. 이윽고 백기는 장평 전역에서 조나라 군사를 대패시켰다. 조괄은 전쟁터에서 희생되었고 수하 40만 대군도 전멸되었다.

조삼이 정승감이란 것은 한고조가 승인했고, 한혜제도 승인하였으며 나아가 소하가 추천한 것이다. 그리고 조삼 자신도 자기는 좋은 정승이 될 수 있다고 자신했다. 이런 재상이 있었기에 한조는 흥기할 수 있었던 것이다.

그러나 조괄이 대장군감이 아니라는 것은 그의 부친이 가장 먼저 알았고, 그의 모친도 그렇게 생각했다. 그리고 당시의 대신들도 그렇게 보았다. 또한 진왕이나 응후, 그리고 백기도 이 점을 잘 알고 있었다. 다만 조괄 자신만이 자기는 대장군감이라고 믿었다. 이런 과대망상증 때문에 결국 조군(趙軍)이 대패할 수밖에 없었던 것이다.

　대장군과 정승은 국가의 안위와 떼려야 뗄 수 없는 크나큰 직책이다. 실로 국가의 양대 기둥이라 할 만하다. 때문에 대장군과 정승은 신중하게 잘 선택해야 하는 것이다. 진(秦)나라가 백기(白起)로 하여금 왕홀을 대체하도록 하고, 조(趙)나라가 조괄로 하여금 염파를 대체하게 한 것은 직접 맞대고 싸우기 전에 이미 승패가 판가름 난 것이나 다름없었다.

큰 새는 나무를 골라 둥지를 튼다

한신(韓信)은 처음에는 항량(項梁)의 수하에 있었다. 때문에 별로
이름을 날리지 못했다. 당시 항량은 명성 높은 지방 할거 세력이
아니었기 때문이다. 그후 그는 항우의 수하로 들어갔다. 한신은 항
우의 수하로 있으면서 항우에게 좋은 계책들을 여러 번 진언하였
다. 그러나 항우는 그의 진언에 별로 신경을 쓰지 않았다. 항우가
자신의 재능을 알아주지 않자 한신은 그를 믿고 큰일을 할 수 없음
을 깨닫고 다시 항우를 떠나 유방(劉邦)을 찾아갔다.

진평도 처음엔 항우 아래서 일을 맡아 보았다. 항우는 그에게 하
내(河內, 지금의 하남 무섭) 점령을 지시했다. 그런데 얼마 되지 않아
유방 수하의 장군이 이미 하내를 점령했다는 소식을 듣게 되었다.
이에 진노한 항우가 하내 점령을 책임진 장군들을 참살하려 했다.
이 일을 안 진평은 걸음아 나 살려라 하고 야반도주하여 유방에게

귀순해 버렸다. 한신과 진평은 모두 자신을 알아보는 현명한 주인을 찾아간 사람들이다. 그러나 그들의 선견지명(先見之明)도 소하(蕭河)의 그것에는 미치지 못한 듯하다.

진조(秦朝) 말년 소하는 사수군(泗水郡)에서 봉록이 100섬밖에 안 되는 하찮은 말단 관리였다. 그의 총명함을 두고 동료들 속에서 칭찬이 자자했다. 진조의 어사(御史)가 그를 중앙으로 불러들여 관직을 내려 주려고 했다. 그런데 소하는 이를 굳이 거절하였다. 그는 계속 지방의 좁쌀만 한 관직을 떠나지 않으려 했다. 소하는 진조 말기의 여러 가지 증후군을 통해 인심을 잃은 진나라가 조만간 멸망하리라고 예견했다. 따라서 미구(未久)에 멸망될 조정을 위해서 일을 하지 않겠다고 생각했던 것이다.

그런데 한신과 진평은 소하의 경우와 사뭇 달랐다. 한신은 여기저기 찾아갔으나 자신의 진언이 수렴되지 않아서 떠났고, 기실 진평은 죽음을 피하여 도주한 것에 지나지 않기 때문이다. 그러나 소하의 경우 때를 보며 기다렸다가 단번에 올바른 군주를 찾았으니 그의 안목이 가장 낫다 할 수 있겠다.

장량의 후손이 망한 것은 인과응보이다

장량(張良)과 진평(陳平)은 모두 한고조(漢高祖)의 훌륭한 신하이다. 그들은 한고조를 보필하여 좋은 견해와 계책들을 많이 내놓았다. 이들 두 사람은 총명하고 두뇌 회전이 빨라 계략에 능했다. 덕분에 그들은 한나라의 건립을 위해 혁혁한 공훈을 쌓을 수 있었다.

하지만 어떤 때는 사정을 봐주지 않고 일을 처리해서 인심을 잃게 되었고, 결국 그들의 자손 대에 이르러 그에 합당한 대가를 치러야만 했다. 진평은 스스로 이런 말을 하였다.

"나는 교활하고 술책을 잘 쓰는 사람이네. 또 나는 도가(道家)가 주장하는 무위사상(無爲思想)과는 거리가 먼 사람이지."

그렇다고 그가 그야말로 '막가파'는 아니었다. 때로는 자신이 한 일을 두고 후회하면서 한 가닥 비애를 토로하기도 했다.

"아무리 봐도 내 후손들은 잘될 것 같지 않네. 내 한평생에 죄를 너무 많이 저질렀거든."

진평의 증손자 대에 와서 그의 우려는 맞아떨어졌다. 그의 증손자 가족들이 가산을 몽땅 압수당하게 되었으니 그의 예언이 허사만은 아니었다.

　진평과 대조해 볼 때 장량의 풍격과 절조는 진평보다는 좋았다. 그는 남을 구렁텅이에 처넣는 일을 진평보다는 적게 했던 것이다. 하지만 일단 한고조가 그의 진언을 듣는 날에는 목 없는 귀신이 배로 늘어났다.

　장량의 성격은 꼬장꼬장한 데다 급하기까지 했다. 젊은 시절 그는 형을 죽인 원수를 갚겠노라고 120근이나 되는 무거운 망치를 휘두르는 120여 명의 장사들을 데리고 박랑사(博浪沙)에서 진시황을 암살하려 한 적도 있었다. 비록 진시황을 살해하지는 못했지만 120근짜리 망치라는 이름은 날개 달린 듯 즉시 천하에 알려졌다.

　장량은 진나라를 뒤엎을 목적으로 유방을 찾아갔다. 그는 유방을 도와 적을 무찌르는 계책과 나라를 세우는 데 필요한 대강령을 채택하게 하는 등 충성을 다했다.

　유방이 함양(咸陽)을 향해 진군하는 도중 요관(嶢關)에서 진군(秦軍)의 완강한 저항에 부딪쳤다. 이때 장량이 유방에게 진언하였다.

"진군은 지금 예기가 왕성하기에 정면 대결을 피하는 것이 상책이옵니다. 성을 튼튼히 쌓고 장시간 지켜야지 소홀히 출전해서는 안 됩니다. 적들을 기진맥진하게 만들어야 합니다."

과연 진나라 군이 오랜 기간 유방을 공격했지만 성을 함락시키지는 못했다. 군사들은 피곤에 지쳤고 군심은 해이해지기 시작했다. 거기다 준비한 식량과 마초가 거의 바닥나게 되었다. 진퇴양난에 빠진 진나라군은 유방에게 사람을 보내어 투항할 테니 강화를 하자고 건의하였다. 그러나 장량은 강화를 반대하면서 유방에게 다음과 같이 진언하였다.

"진나라 군이 투항한다 하더라도 그것은 몸뿐이지 마음까지는 아닐 것입니다. 그들의 투항을 받아들인다면 훗날 큰 화근이 될 것이니, 지금 진나라군의 사기가 떨어진 틈을 이용하여 아예 진나라군을 전멸시키는 것이 더 바람직합니다."

유방은 곧 그의 진언을 받아들여 군사력을 집중시켜 일시에 진나라 군을 향해 맹공격하였다. 당황한 진나라군은 대패하였고 수많은 살상자를 냈다. 유방은 장량의 말대로 포로병과 부상병까지도 모두 살해해 버렸다.

이러한 사실에서 보더라도 장량의 처사는 지나치게 과한 데가 있었다. 물론 한고조 유방에게도 책임이 있지만 부상병과 포로들까지 모두 살해한 죄는 장량이 책임져야 할 것이다.

초한(楚漢)이 서로 싸울 때, 쌍방의 세력이 모두 맥이 빠지게 되었다. 이때 항우가 강동(江東)으로 후퇴할 것이니 천하를 나눠 갖자고 한왕 유방에게 전갈을 보냈다. 이때 장량이 또 유방에게 진언하였다.

"초왕을 그대로 돌려보내는 것은 호랑이를 산에 풀어 놓는 것과 다름이 없사옵니다. 아군이 유리한 지금의 국면을 이용하여 초군을 섬멸해야 하옵니다. 화근을 남겨 두어서는 절대로 아니 되옵니다."

장량이 유방을 보필하여 이런 계략을 내놓은 것에 대해서는 왈가왈부할 바가 아니지만, 장량의 술책을 통해 그의 성격과 내심의 세계만은 엿볼 수 있다.

장량이 죽은 뒤 10년도 못 되어 그의 아들에게 봉해진 호(號)를 박탈당했다. 그 뒤 장량의 후손들은 다시는 작위와 호를 받지 못했으니 진평의 후손들과 그 처지가 매우 흡사했다.

진평과 장량의 마음이 너무 독했기에 그들의 자손들이 재앙을 입은 것이다. 이것은 인과응보이다. 후세 사람들도 많이 경계할 바라 생각한다.

평소 군기가 바르면 예상치 못한 적도 두렵지 않다

한문제(漢文帝) 때 주아부(周亞夫)는 군대를 엄히 다스리고 용맹무쌍하기로 정평이 나 있었다.

한번은 한문제가 군대를 이끌고 위풍당당하게 주아부의 병영에 이르렀다. 그러자 주아부의 위병(衛兵)들이 앞길을 막아섰다.

"그 누가 감히 천자(天子)의 앞길을 막느냐. 어서 빨리 문을 열지 못할까!"

시종관이 위엄 있는 태도로 호령했다. 그러자 한 위병이 "우리 장군의 명령이 없으면 누구도 함부로 들어가지 못합니다"라고 당당하게 대답하였다.

결국 주아부가 막사에서 나와 한문제를 직접 맞아들이게 되어서야 한문제는 병영으로 들어올 수가 있었다.

또 주아부의 군대 규율에 따르면 마차가 변문(邊門)에 들어선 후에는 모두 마차에서 내려 보행하게 되어 있었는데, 이는 그 누구도

예외가 아니어서 한문제도 결국은 군차에서 내려 보행하는 수밖에 없었다. 한문제는 주아부가 군사를 다룰 줄 아는 장군이라고 거듭 칭찬하였다. 한문제는 이런 군대가 있을진대 천하의 그 어떤 적군이 두려울 것인가 하며 만족해하였다.

한경제(漢景帝) 때 오초(吳楚) 7국의 난이 일어났다. 이 반란의 우두머리는 오왕 유비였다. 그는 오나라에서 구리로 만든 동주월(銅鑄鉞) 등 무기를 생산하는 이점을 이용하여 황제 자리를 일찍부터 꿈꿔 온 터라 교서왕(膠西王) 묘(卯)와 초왕(楚王) 유무(劉戊) 등 7개국의 국왕과 연합하여 동시에 반란을 일으켰다. 경제는 태위(太尉) 주아부를 임명하여 반란군을 평정케 하였다.

주아부가 침착하게 대군을 인솔하여 오초 연합군을 공격하였다. 그는 대군으로는 병영을 지키게 하는 한편, 경기병만을 뽑아 적군의 후방선을 차단하였다. 오초군은 군량을 제대로 공급받지 못하여 이내 어지러워지고 말았다. 결국 하읍(下邑, 지금의 안휘성 석산 동쪽)에서 오초군은 대패하여 총총망망 후퇴하고 말았다. 주아부의 추격에 오왕 유비는 4명의 신하만을 데리고 남쪽으로 줄행랑을 놓았다. 기타 몇 개 주의 반란군도 곧바로 평정되었다.

평소 군사 규율을 엄하게 집행했던 주아부는 갑작스러운 변고에 침착하게 대처하여 공을 세우고 나라를 지킬 수 있었다.

사람을 잘 알아 그를 마땅한 자리에 앉히다

곽광(霍光)은 한무제(漢武帝) 아래서 겨우 봉거도위(奉車都尉)를 지냈다. 봉거도위란 황제가 외출할 때면 어가를 호위하고 황제가 환궁하면 좌우에서 잔심부름이나 하는 말단 직책이었다. 곽광은 사사로운 일까지 조심하며 황제의 눈치를 보았기에 한무제의 총애를 받았다. 무제가 임종 시에 곽광에게 아들을 맡기자 그는 하루 아침에 백관의 우두머리가 되었다. 그때 그에게 내려진 관직은 대사마(大司馬) 대장군(大將軍)이었다. 이 관직은 수석 집정 대신의 관직이었다.

김일제는 원래 흉노 휴도왕(休屠王)의 태자였다. 그가 한군(漢軍)과의 전쟁에서 매번 패하자 휴도왕은 화를 이기지 못하고 아들인 김일제를 죽이려고 했다. 김일제는 이 일을 알고 흉노의 곤야왕(昆邪王)과 함께 한조(漢朝)에 귀순하려는 생각을 하게 되었다. 훗날 휴도왕은 곤야왕에 의해 피살되었다. 휴도왕을 살해한 곤야왕은 김일제를 제쳐 놓고 홀로 한나라에 귀순해 버렸다. 후에 김일제는 그의 아버지인 휴도왕이 한실에 투항하지 않았다는 죄로 한실의 노예가 되어 황궁에서 어마를 사육하는 말 먹이꾼이 되었다.

시일이 한참 지난 어느 날 황제가 연회를 베풀었다. 그때 한무제는 우연히 김일제가 사육한 말이 다른 말보다 살찌고 기름이 철철 넘치는 것을 발견했다. 한무제가 김일제를 가까이 불러 말을 건네었다. 그러던 중 그가 비범하고 총명하다는 것을 알게 되었다. 이일이 있은 뒤 한무제는 김일제에게 벼슬을 내리고 남달리 총애하였다. 결국 한무제가 임종할 때 그는 거기장군(車騎將軍)으로 임명되어 곽광의 부관이 되었다. 그리고 이 두 사람은 모두 한무제의 기대를 저버리지 않았다.

한무제가 임종 시에 국가 대사를 맡긴 사람은 곽광과 김일제 외에도 좌장군(左將軍) 상관걸(上官桀)과 어사대부(御史大夫) 상홍양(桑弘羊) 등이 있었다. 그러나 상관걸과 상홍양 두 사람은 재능이 뛰어나지 못했다. 질투심에 사로잡힌 상관걸과 상홍양은 곽광을 살해하려는 음모를 꾸몄다. 마침 한소제(漢昭帝)가 현명했기에 망정이지 그렇지 않고 그들 두 사람의 참소를 받아들였다면 나라를 망칠 뻔하였다. 현명한 한소제는 곽광을 참소한 그들 둘을 모두 제거해 버렸다.

　이렇게 보면 한무제도 대신의 장단점을 판단할 때 실수가 없었던 것이 아니다. 그래서 그도 완벽한 황제라 할 수 없다.

　한 사람을 잘 알고 그를 마땅한 자리에 앉힌다는 일은 결코 쉬운 일이 아니다. 그러기에 성현인 요제(堯帝)도 난처해하였던 것이다.

죽음을 무릅쓰고 직간하여 대신을 구하다

한성제(漢成帝)는 즉위 직후 허황후(許皇后)를 폐하고 조비연(趙飛燕)을 황후로 세우려 하였다. 그러자 대신 유보(劉輔)가 이는 종래로 이어져 내려온 조종(祖宗)의 훈계에 어긋난다 하여 죽음을 무릅쓰고 한성제의 계획을 저지하였다. 이에 대노한 한성제는 유보를 옥에 가두고 그를 사형에 처하려고까지 했다. 이때 좌장군(左將軍) 신경기(辛慶忌)가 유보의 정직성과 충성심을 감안해 달라고 한성제에게 진정서를 올렸다. 한성제도 신경기의 진언에 일리가 있다고 여겨 유보를 풀어 주었다.

한번은 언제나 감히 황제에게 직간하고 정의를 지켜 온 대신 주온(朱溫)이 재상 장우(張禹)의 처사 능력이 미약하고 지금껏 큰일을 해온 것이 없으니 그를 파면시키는 것이 바람직하다는 상주를 올렸다. 그의 상주를 받은 한성제는 하급자가 상급자를 감히 배반한 것이라 여겨 주온을 처형하려 하였다. 이때 또 신경기가 나서서 주온의 사정을 봐 달라며 황제에게 진언하였다. 그는 아예 관모를 벗고 관대를 풀고 황궁대전 앞뜰에 꿇어앉아 연신 절을 올리면서 진언하느라 이마에는 핏방울이 흥건히 맺힐 정도였다.

"주온 대감은 폐하께 감히 직언한 것으로 이름이 난 대신이옵니다. 소신이 이 머리를 갖고 보증을 서겠습니다만, 주온은 폐하를 해치려는 마음이 조금도 없사옵니다."

신경기의 태도가 참으로 진실한 것을 본 한성제는 그의 말을 믿고 노여움을 풀었다. 직언을 잘 하는 주온은 역시 신경기의 직언이 있었기에 죽음을 면할 수 있었다.

신경기가 주온을 위해 진언을 올릴 때 문무백관이 다 옆에 있었지만 어느 누구도 앞으로 나서서 그를 두둔해 주지 않았던 것은 실로 애석한 일이 아닐 수 없다.

천하의 소인배, 백 번 죽어 마땅하다

한조(漢朝) 때 원앙(袁盎)은 소인배(小人輩)였다. 그는 언제나 자신에게 일이 생기면 이런저런 구실을 만들어 사사로이 복수를 하였다. 그는 일심전력으로 황제께 충성하여 대사를 도모하는 그런 사람이 아니었다.

원앙은 원래 여록(呂祿)의 막사에서 식객으로 있었다. 주발(周勃)이 여후(呂后)와 여씨 동당(同黨) 그리고 일족을 일시에 제거하자 그는 주발에게 앙심을 품었다. 한문제(漢文帝)가 주발을 매우 공경한 것이 원앙과 무슨 원한 관계가 있겠는가만, 원앙은 구실을 대어 문제에게 주발을 참소하였다.

"주발 승상은 종사를 지킨 대신이 아니옵니다. 그는 한나라에 공을 세운 사람일 뿐이옵니다. 사직을 지킨 사직신(社稷臣)은 황제와 생사를 같이 하여야 하옵니다. 여후가 전권을 휘두를 때 여씨 성을 가진 사람들이 활개 쳤고 유씨(劉氏) 성을 가진 사람들은 숨도 감히 크게 내쉬지 못했사옵니다. 당시 주발은 군권을 장악한 태위(太尉)였사옵니다. 그렇지만 주발은 여씨 가문을 제지하지도 않았거니와 여씨 가문의 잘못을 건드리지도 않았사옵니다. 여후가 죽자 문무백관이 단합하여 여씨 가문을 일거에 제거했사옵니다. 태위인 주발은 직책상 마침 이 일을 직접 처리했을 따름이옵니다. 따라서 지금 폐하께서 주발 승상을 매우 공경하시는 것은 마땅치 않사옵니다."

원앙의 진언이 있은 뒤부터 한문제의 태도가 완전히 달라졌다. 문제는 주발을 더 이상 공경하게 대하지 않았던 것이다. 주발을 만날 때마다 문제는 짐짓 장중하고 엄숙하게 낯빛을 고쳤다. 그리고는 주발을 가까이 하지 않고 고의로 그를 소원하게 대했으며 나아가 주발을 경시하기 시작하였다. 얼마 뒤에는 마침내 그의 승상 직을 파직시켰고, 그를 봉한 읍으로 추방시키기에 이르렀다.

원앙이 길가에서 승상 신도가(申屠嘉)와 우연히 만나게 되었다. 원앙은 눈치 빠르게 마차에서 내려 승상에게 절을 올렸다. 그러나 승상 신도가는 이 일이 탐탁지 않아 짐짓 모른 체했다. 승상의 홀대를 받고 체통이 깎였다고 생각한 원앙은 분통이 터질 것만 같았다. 원앙은 신도가의 승상부로 찾아가 한바탕 울분을 토했다. 그러자 신도가가 그를 귀한 빈객으로 모셨고, 그럼으로써 사태가 더 확대되지 않았던 것이다.

한편 환관 조담(趙談)이 여러 번 원앙을 탄핵하였다. 그러자 조담을 괘씸하게 여긴 원앙이 문제 앞에서 조담을 모욕하면서 험담을 퍼부었다. 또 원앙과 조조(晁錯) 간에 갈등과 마찰이 있었다. 원앙은 오국(吳國)의 반란을 빌미로 조조를 처형해야 한다는 상주서를 황제에게 올리기도 했다.

원앙은 원래 안릉(安陵)의 비적이었다. 그의 잔인한 본성은 이러한 출신에서 비롯되었다고 볼 수 있다. 훗날 원앙은 양왕(梁王)이 파견한 자객의 칼에 목이 떨어지고 말았다. 그는 백 번 죽어 마땅한 소인배였다.

진흙탕을 빠져나와도 흙때를 묻히지 않은 사출

순욱(荀彧)이 위무제(魏武帝) 조조(曹操)를 보필하였고, 유목지(劉穆之)가 송고조(宋高祖) 유유(劉裕)를 보필하였으며, 고덕정(高德政)이 북제(北齊) 문선제(文宣帝) 고양(高洋)을 보필하였다. 그리고 고영(高潁)이 수문제(隋文帝) 양견(楊堅)을 보필하였고, 유문정(劉文靜)이 당고조(唐高祖) 이연(李淵)을 보필하였다.

위무제 등이 한(漢)·진(晉)·위(魏)·주(周)·수(隋)의 정권을 뒤엎고 새 나라를 세울 수 있었던 것은 바로 이들의 보필이 있었기 때문이다. 그러니 이들은 모두 개국대신인 셈이다. 하지만 그들의 보필을 받은 이들이 천하를 수중에 장악하고 황제의 자리에 등극하자 그들에게 불행이 닥쳤다.

순욱은 복황후(伏皇后)의 일을 제때에 조조에게 회보하지 않았다 하여, 또 위공(魏公)을 봉하려는 조조를 제지한 죄로 그의 핍박을 받아 사약을 받고 죽었다. 유목지는 단양(丹陽, 지금의 강소성 진강시)을 지킬 때 북벌하던 유유가 그에게 구석(九錫)으로 봉하자 이를 받았다가 자책과 공포감을 이기지 못하여 자살했다. 고덕정은 공과 업적을 믿고 득의양양해하다가 양음의 참소에 의해 피살되었다. 고영은 소첩을 두었다가 독고황후(獨孤皇后)의 참언에 의해 피살되었고, 유문정은 모반한 첩의 동생이 사건에 연루되어 배적(裵寂)의 참언에 의해 피살되었다. 이상에서 본 개국 명신들은 모두 재앙을 입어 제 명을 다하지 못했다.

제고조(齊高祖) 소도성(蕭道成)이 송나라의 대권을 찬탈하려 할 때 사비(謝朏)을 궐 안으로 남모르게 불렀다. 제고조는 좌우 시중들을 물리치고 사비와 더불어 대사를 토의했다. 하지만 사비는 제고조의 말에 일절 대답을 하지 않고 침묵만 지켰다. 그래도 제고조는 사비의 마음을 기어코 돌이켜 자기를 도와 대사를 이루도록 하려고 노력했다.

제고조는 사비를 좌장사(左長史, 남북조 시기의 군사 관직)로 임명했다. 아울러 석포(石苞)의 예를 들면서 그를 자극하기도 했다. 그래도 사비는 어명을 받들지 않고 관직을 끝내 사절하였다. 훗날 소도성이 정말로 송나라를 뒤엎고 고제(高帝)가 되었을 때도 사비는 송나라 시중(侍中) 때 쓰던 도장줄을 차고 다녔으며 잘 때면 베개 아래 잘 건사하였다.

한번은 길 가던 소도성의 아들이 사비를 알아보고 행패를 부리며 그를 살해하려 하였다. 그러자 소도성은 소위 여론의 견책이 두려워 아들을 꾸중했다.

"그런 무모한 짓은 그만하도록 해라. 정말로 그를 죽인다면 오히려 절조를 지키겠다는 그의 초지를 무시한 것이라 하여 불편한 점이 더 많이 생길 것이다. 그를 살려 주고 용서해 준다면 우리의 마음이 넓다고 회자될 것이다."

훗날 소도성은 사비를 고향으로 추방하였다.

해릉왕(海陵王) 소소문(蕭紹文)이 황제로 있을 때, 또 사비를 대궐로 불러 시중(侍中)으로 임명하였다. 얼마 뒤 선성왕(宣成王) 소란(蕭鸞)이 황권을 찬탈하려고 많은 조정의 신하들을 농락하였다. 사출은 그 무리에 끼고 싶지 않아 오흥(吳興, 지금의 절강성 오흥)의 태수로 내려가겠노라고 상주하였다.

그는 오흥의 태수로 떠나기 전 이부상서(吏部尙書)로 있는 동생 사약(謝瀹)과 작별주를 마셨다. 술이 얼근하게 되자 사비가 술잔을 동생에게 주면서 중얼거렸다.

"오늘은 맘껏 마시고 조정의 일은 깨끗이 잊어버리자!"

그는 선성왕의 꿍꿍이속이 적이 저주스러웠지만 자기 혼자의 힘으로는 그 모반을 막을 수 없다 생각하여 내심 갈등이 컸던 것이다.

상기의 사실을 통해 우리는 사비의 절개가 얼마나 곧았는지를 알 수 있다. 그런데도 사마광이 그를 좋지 않게 풍자한 것은 정말 이해가 가지 않는다.

재앙은 혀에서 비롯된다

누워 있던 큰 돌이 저절로 일어서고, 바싹 마른 고목이 순식간에 푸름을 떨치며 회생하는 괴이한 일이 한소제(漢昭帝) 때에 발생하였다. 조야의 대신들은 이 일을 두고 의견이 분분하였고 인심 또한 황황해졌다.

그러자 휴맹(眭孟)이란 신하가 상서를 올렸다.

"음양오행설에 따르면 이 두 사실은 모두 한 평민 백성이 앞으로 황제가 된다는 것을 징조하는 것이라 합니다. 조정에서는 사람을 파견하여 그 현인을 찾아내 황제의 보좌를 넘겨주어야 하옵니다. 퇴위한 황제에게는 땅을 식읍(食邑)으로 떼어 주는 것이 바람직하옵니다."

당시 대권을 쥐고 있던 대장군(大將軍) 곽광(霍光)이 이 일을 알고 펄쩍 뛰었다. 곽광은 요언을 날조했다는 죄를 내리어 휴맹을 처형했다. 그가 쓸데없이 혀를 놀려 죽음을 자초했으니 그 누구를 탓

할 것인가?

한선제(漢宣帝) 때 개관요(蓋寬饒)가 상서를 올렸다.

　　오제(五帝)는 천하를 다스렸고 삼왕(三王)은 천하를 집으로 삼았
　　사옵니다. 천하를 집으로 삼는 사람은 황제의 제위(帝位)를 아들
　　에게 물려주어야 하옵고, 천하를 다스리는 사람은 황제의 제위
　　를 현철하고 재능 있는 사람에게 물려주어야 하옵니다.

　법을 집행하는 관청에서는 개관요의 이 상서를 황제가 제위를
물려주어야 한다는 뜻으로 받아들이고 그를 처형하였다. 괜한 말
을 꺼내어 죽게 되었으니 그로서도 원통하지만 말할 곳이 없게 되
었다.

　같은 시기 양운(楊惲)이란 사람이 있었다. 그는 사마천(司馬遷)의
외조카였다. 그가 죄를 지어 경질당해 집에 칩거할 때 친구 손회종
(孫會宗)에게 보내는 편지에 이런 시 구절을 썼다.

　　밭은 남산에 이르기까지
　　어지럽고 황폐하다.

한 뙈기 콩을 심었더니

거둬들인 것은 껍데기뿐이로다.

장안(張晏)은 이 시가 조정이 문란하고 가망이 없다는 것으로 곡해하였다. 이를 한선제에게 고하자 한선제는 노발대발하여 대역무도한 죄를 내리고, 그와 그의 아내 그리고 아들 일가 등을 모조리 참수해 버렸다. 이는 분명 억울한 일이 아닐 수 없지만 보다 사려 깊지 못했던 그의 처사는 애석하기만 하다.

자진하여 탄핵을 원했던 종요

동한(東漢) 헌제(獻帝) 건안년(建安年)에 조조(曹操)가 종요(鍾繇)를 사례교위(司隷校尉)로 임명하고 관중(關中)의 군대를 통솔케 하였다. 얼마 후에 황제가 하동(河東, 지금의 산서성 하현) 태수 왕읍(王邑)을 궁중으로 부르는 동시에 두기(杜畿)를 하동 태수로 내려보냈다.

황제의 명을 받고 경성으로 올라가던 왕읍은 허창을 지나는 중 사전에 아무런 말도 없이 고향집을 들렀다. 이 일을 안 종요는 자신이 부하를 제대로 감시하지 못하여 빚어진 일이라 자책하며 자신의 실수를 깊이 뉘우쳤다. 그러고는 즉시 자진해서 탄핵서를 조정에 상소하였다.

시중(侍中) 겸 사례교위 동무정후(東武亭侯) 종요는 천은으로 조정의 망극한 황은을 입어 재능과 학식이 모자라면서도 연이어 발탁되어 중임을 맡게 되었사옵니다. 조정의 근친 대신이 되어 폐하의 명에 따라 관중을 지키는 큰 임무를 맡고 있는데, 그동안 한 일을 다시 한 번 검토하고자 합니다. 종요는 조정에서 정책과 수하를 관리하는 지방장들의 무능함을 질책하고 있음을 분명히 알고 있사옵니다.

지방장들이 무능하여 법령을 제대로 집행하지 못하고 있으며 모든 사업이 순탄하게 추진되지 못하고 있으며, 공문 처리가 타당치 못하고, 조정의 법령을 제대로 시행하지 못하는 등 조정과 호흡이 맞지 않고 있음을 분명히 알고 있사옵니다. 상기의 소행은 신하로서 황제 폐하에 대해 충성이 모자라는 것이오니 그 죄는 용서받을 수 없는 일입니다. 소신은 황제 폐하께서 사법기관에 소칙을 내리시어 종요의 죄행을 심사하여 작위를 박탈하고 봉해받은 읍지를 몰수하도록 하심이 옳을 줄 압니다. 소신은 이 즉시 문서를 각 주와 군에 내려보냄과 동시에 조정에서 문책하여 처분하기를 기다리겠사옵니다.

지금 관리들은 자진 탄핵서를 상서할 때 보통 자기를 외지로 추방·유배 보내거나 면벽 속죄하도록 해 달라는 내용 등을 쓰고 있다. 종요의 이 자진 탄핵서는 마치 다른 사람을 탄핵하는 것처럼 쓰고 있다. 종요가 이렇게 자진 탄핵서를 쓴 것은 자신이 형사를 책임지는 사례교위였기에 사실을 잘 알고 있었을 것이므로 신고처분하면 죄를 면해 준다는 이유 때문만은 아니었을 것이다. 그의 상소는 필시 진실임이 틀림없다.

지혜로운 사람은 난세에 명군을 따른다

동한(東漢) 말기 한나라는 사분오열되었다. 한나라가 풍전등화와 같이 되자 사대부들은 서로 각기 자신의 진로와 퇴로를 새롭게 유념하게 되었고, 각기 믿을 만한 사람을 찾아 자신의 앞날을 기탁하였다. 그중 적지 않은 사람은 마치 병자가 흙속을 찾아가듯 길을 잘못 선택하여 전도를 망치기도 했다. 이러한 때에는 지혜가 출중하고 두뇌가 명석한 호걸이 아니라면 재앙을 피하기 어려웠던 것이다.

순욱(荀彧)은 어릴 때 고향 영천(潁川, 지금의 하남성 허창)에서 자랐다. 허창은 군사 요충지여서 병가(兵家)들이 서로 다투는 곳이었다. 순욱은 고향 사람들에게 고향을 떠나 살 길을 찾으라고 권유하였지만 영주 사람들은 고향에 대한 애착을 버릴 수 없어 고향을 떠나지 않았다. 그 결과 수많은 백성들이 전란에 목숨을 잃고 말았다.

순욱은 종족들을 데리고 기주(冀州, 지금의 하북성 임장 지역)로 피난을 갔다. 일찍이 그의 명성을 잘 알고 있던 원소(袁紹)는 그를 상빈으로 대접하였다. 그러나 원소의 무능과 우유부단함이 앞으로 큰 그릇이 되기에 적합하지 않다고 판단한 순욱은 원소의 후한 대접에도 불구하고 조조에게 자신의 앞날을 맡겼다. 그때 그를 따라가지 않은 순욱의 종친들은 대개가 비적들에게 피살되고 말았다.

여남(汝南, 지금의 하남성 평여 북쪽)의 사대부들은 대부분 원소의 수하로 들어갔으나 오직 화흡(和洽)만이 형주(荊州, 지금의 호북성 양양시)의 유표(劉表)를 찾아갔다. 유표는 그를 후하게 맞아 주었지만 그는 유표의 심금이 넓지 못하고 주변에 소인배들이 진을 치고 있음을 간파하였다. 오래 머물다 간 소인배들의 참소에 걸려 목숨도 부지하기 어렵다고 직감한 그는 유표의 후한 대접을 뒤로하고 조조를 찾아가 자신의 앞날을 의탁했다.

조조가 연주목(兗州牧)으로 있을 때 진류태수(陳留太守) 장막(張邈)과 친한 사이였다. 군사(郡士) 고유(高柔)는 장막이 지금은 조조와 극친하게 지내고 있지만 조만간 조조를 배반할 것이라는 점을 간파하였다. 그는 공연히 고래 싸움에 새우 등 터질 것이 없다고 판단하고 고향 사람들을 인솔하여 그곳을 떠나려 했다. 고향 사람들은 그가 얼토당토않은 생각을 한다고 여기고 그의 말을 따르지 않았다. 고유는 하는 수 없이 집사람들만 데리고 하북으로 피난을 떠났다. 얼마 뒤 장막은 과연 군사를 일으켜 조조를 배반하였다.

곽가(郭嘉)가 원소와 처음 만났을 때 그는 한눈에 원소가 쓸데없는 공론만 하고 우유부단함을 알아차렸다. 그는 원소와 더불어 천하 대사를 도모할 수 없음을 판단하고, 얼마 뒤 조조를 찾아갔다. 조조와 함께 무릎을 맞대고 천하의 정세와 국면에 대한 서로의 견해를 나누고 난 곽가는 무릎을 탁 치며 속으로 외쳤다.

'이분이 바로 내가 찾던 주인이다!'

두습(杜襲)·조엄(趙儼)·번흠(繁欽) 등이 전란을 피해 형주(荊州)로 갔다. 번흠은 유표를 탄복시켰고 유표도 그를 잘 대해 주었다. 그때 두습이 그를 말렸다.

"우리 셋은 목숨을 지켜 기회를 찾자고 함께 여기까지 피난 온 것이 아니겠소? 하지만 자네는 사람을 너무 경솔히 믿는 것 같구먼. 그래서야 우리가 어찌 친구라 하겠소."

번흠이 아무런 대꾸를 하지 못했다. 그후 조조가 한헌제를 옹립하고 경성을 허창으로 옮겼다. 이때 조엄이 말했다.

"천하를 통일할 사람은 반드시 조조일 거요. 이제야 우리의 앞길이 어디에 있는지 보이는군."

그리하여 그들 셋이 함께 조조에게 귀순하였다. 조조의 수하로 들어간 그들은 그후 눈부신 전공을 세웠으니 그들의 일생은 헛되지 않았다.

손책(孫策)이 단양(丹陽)을 탈취했을 때 여범(呂範)이 단양독도(丹陽督都)를 겸하겠다고 자처하고 나섰다. 그때 손책이 그에게 무슨 말이냐고 반문했다.

"지금 경은 수하에 수많은 군사를 거느리고 있는 대장군이오. 자그마한 관직을 겸한다는 것이 우스꽝스럽지 않소?"

그러자 여범이 정색을 하며 그 이유를 설명하였다.

"아니옵니다. 소신은 본토를 버리고 장군을 모시었사옵니다. 주군과 저는 서로 협조하여 대사를 도모하는 사이가 아니옵니까? 말하자면 같은 배를 타고 망망한 바다를 헤쳐 가는 셈이옵니다. 생사 존망의 이 시각에 조금만 신중하지 못하면 한꺼번에 배가 뒤엎어질 수 있사옵니다. 이것이 제 우려입니다. 단양은 지정학적으로 매우 중요한 위치에 있사옵니다. 전 국면에 큰 영향을 줄 단양의 안정을 위해서는 어찌 관직의 대소를 가리겠사옵니까?"

손책은 여범의 말에 깊이 감동되어 그에게 단양을 맡겼다.

주유(周瑜)가 손책과 천하 형세를 의논하게 되었다. 영웅들의 견식이 서로 비슷하다는 말이 있듯 그들은 한 차례의 대담을 통해 한 생애를 갈라지지 않는 지기(知己)가 되었다. 손책이 죽은 뒤 손권(孫權)이 그 자리를 계승받고 강동의 주인이 되었다. 주유는 손권도 손책과 마찬가지로 큰일을 이룰 사람이라 보고 충심으로 그를 보좌하였다. 손권은 주유의 계책을 받아들여 적벽전에서 대첩을 올렸고 그로써 삼국이 정립하는 국면이 이루어지게 되었다.

제갈량(諸葛亮)은 양양(襄陽)의 와룡산에 은거해 있었지만 유표는 가까이에 있는 제갈량을 찾지 않았다. 유비(劉備)가 초라한 제갈량의 집을 세 번이나 찾아가 그의 출사를 당부하였다. 이처럼 유비는 자신의 정성을 쏟음으로서 청사에 이름을 남긴 양재(良才)를 구할 수 있었던 것이다.

이상의 여러 사람들은 견문이 출중하고 특출나게 총명한 사람들이다. 그래서 자신이 믿고 의지할 주군을 고름에 있어서도 탁월한 선택을 할 수 있었다.

용맹하고 의로운 태사자

삼국시대의 난세에는 여기저기에서 영웅이 태어나고 용과 호랑이의 쟁투가 벌어졌으며 호걸지사들이 역사의 무대에 등장하여 자신의 재능을 발휘하였다. 이들 중에 태사자(太史慈)라는 사람은 가히 칭송할 만한 사람이라고 하겠다.

태사자가 동래군(東萊郡, 지금의 산동성 맥현)에서 주조사(奏曹史)로 있을 때다. 당시 군(郡)과 주(州) 사이에 알력이 생겼다. 그러자 주목(州牧)이 군수를 탄핵하려는 상주문을 올렸다. 태사자가 이 일을 알고는 계략을 써서 주목의 음모를 좌절시켰고, 군수를 죽음의 언저리에서 건져 주었다.

한번은 공융(孔融)이 북해(北海, 지금의 산동성 창락현)에서 황건군(黃巾軍)에 포위된 적이 있었다. 태사자는 유비(劉備)에게 후원병을 요청하기로 했다. 그는 술책을 써서 적들의 주의를 피한 후 단창필마로 적진을 돌파하여 끝내 후원군을 데리고 왔다. 공융은 그제야 포위에서 풀려날 수 있었다.

훗날 유요(劉繇)가 양주자사(楊洲刺史)로 부임했을 때 태사자가 그를 방문했다. 그때 유요의 수하가 유요에게 태사자를 대장군으로 임명할 것을 진언하였다. 그러나 유요는 고개를 저었다.

"아닐세. 내가 그를 대장군으로 임명하면 허소가 나를 비웃을 거네."

유요는 태사자를 군사 정보를 책임지는 장관으로 임명하였다.

유요가 신정(神亭)에서 손책과 단둘이 맞부딪치게 되었다. 그들 둘은 다 천하의 영웅인지라 싸움은 승부를 가리지 못했다. 결국 태사자가 손책의 철갑모를 떨어뜨리는 것으로 끝을 맺었다. 훗날 유요가 예장(豫章)으로 이동하는 바람에 태사자가 손책의 군사에게 생포되었다. 태사자를 알아본 손책은 그의 두 손을 잡고 기뻐하며 말했다.

"그때 신정에서의 일이 생각나오."

손책은 태사자를 정의로운 의열 투사라 칭송하면서 수하에 남을 것을 권유했다. 손책이 죽은 뒤 손권은 그에게 건창도위(建昌都尉)의 관직을 내리고 오국 남방의 모든 일을 일괄적으로 그에게 맡겼다. 그러나 그는 애석하게 일찍 죽고 말았는데, 그때 그의 나이 겨우 41세였다. 그의 무덤은 신오(新吳, 지금의 강서성 봉신)에 있다.

당시 사람들은 사당을 지어 그에 대한 제례를 지냈으며 송효종(宋孝宗) 때는 태사자를 영혜후(靈惠侯)로 봉했다. 영혜후로 봉하는 소칙에는 이렇게 쓰여 있다.

신(神)이 일찍이 공융의 수하에 있을 때 세인들로부터 청주(青州)의 강의지사로 존경을 받았다. 훗날 손책을 섬기며 오국의 대신으로 있었다. 그의 사당을 지을 때부터 지금까지 세인들은 그를 기념하여 권선징악을 경계하였다. 그의 충렬의 표현을 어여삐 여겨 그의 미명을 남긴 두 곳에 후작으로 봉한다.

지금도 그곳 사람들은 '신정'의 사적을 미담으로 전하고 있다.

바르고 공명정대한 제갈량의 인품

동한 말기 군벌들이 궐기하여 난세의 국면이 조성되었다. 동탁의 난(董卓之亂)이 있고 난 뒤, 원소(袁紹)·공손찬(公孫瓚)·유비(劉備)·조조(曹操)·손권(孫權) 등이 중원(中原)을 차지하려고 서로 다투었다. 제갈량(諸葛亮)이 하산하기 전에 유비는 건국의 웅대한 포부가 있었지만 제 뿌리를 내릴 기반을 마련하지 못해 남의 수하에서 눈칫밥이나 먹는 신세였다.

서서(徐庶)가 그의 수하로 있다가 부득불 떠나게 됐을 때 유비에게 제갈량을 천거하였다. 유비는 서서의 권고를 듣고 제갈량의 초막집을 세 번이나 찾아갔다. 유비의 지극한 성의에 감동한 제갈량은 산을 내려와 유비를 돕기 위해 전력투구하였다. 제갈량은 예민한 통찰력과 확실한 사실을 근거로 사물을 분석했고 정세와 돌아가는 국면을 검토하였다. 그는 이러한 기초 위에서 금후 유비의 발전 방향을 제시하였고 총체적인 전략 방침을 제시하였다.

"조조와 정면으로 대결해서는 안 됩니다. 손권과 손잡고 연합하여 조조의 세력을 견제하는 한편 형주(荊州)·양주(襄州)·익주(益州) 등지를 확보해야 합니다."

이것이 소위 '융중대책(隆中對策)'으로 역사는 과연 제갈량이 예견했던 대로 발전하였다.

제갈량도 처음 초막집에서 유비에게 제시했던 그 총체적 구도에 따라 유비를 보좌하였고 평생을 일편단심 충성 하나로 유비의 대업에 투신하였다. 유비를 보좌한 20여 년 동안 제갈량이 슬기롭게 위험한 고비를 넘긴 것이 얼마나 되는지 모른다. 제갈량은 지혜롭고 두뇌가 명석하며, 상과 벌을 분명히 했고, 인재를 알맞게 배치했으며, 백성들의 부담을 덜어 주었다. 유비는 제갈량을 매우 존경하였으며 사대부들도 제갈량을 공경하였다. 유비가 통치하고 있는 서촉 지역의 소수 민족들도 제갈량에게는 탄복하였으며 천하 영웅인 조조마저도 그를 두려워하였다. 유비가 제갈량을 얼마나 존경하고 신뢰하였는가 하는 것은 유비의 임종 유언에서 잘 볼 수 있다.

"아두(阿斗, 유비 아들의 애명)는 나라를 다스리는 영도력이 없소. 아무래도 경이 황위를 이어받는 게 좋을 듯하오."

제갈량의 성망과 위엄이 있었기에 비록 어린 황제 유선(劉禪)이

나약하고 무능력했지만 촉한(蜀漢)의 조정은 흔들림이 없었고, 조정이 제정한 법령 등이 제대로 시행되었다. 제갈량이 조정 신하들을 덕목과 지혜로 단합시켰기에 군법을 어긴 마속(馬謖)이 목이 잘리게 되었어도 조금도 억울함을 느끼지 않았다. 심지어 유선의 측근에 있던 간신들조차도 감히 제갈량을 탄핵하려는 참소를 올리지 못했다.

삼국이 정립된 후 조조의 위나라가 중원(中原)의 대부분을 차지했다. 이곳은 토지가 비옥하고 기후가 좋고 평원이 많아 군량이 풍부하였다. 이렇게 지정학적으로 유리한 위치에 있던 조조의 군사는 강대해졌고 수하에는 영웅 맹장들이 수두룩하였다. 하지만 조조는 섣불리 서촉을 공격하지 않았다. 서촉의 승상인 제갈량이 모든 것을 통괄하고 있었기 때문이었다.

중국 대지의 서쪽 한 귀퉁이를 차지하고 있는 촉한(蜀漢)은 제갈량의 치국 방책하에 한실(漢室)을 회복한다는 국책을 내걸고 국가의 역사적 전통성을 강조하고 있었다. 서촉은 제갈량의 지휘하에 여섯 차례나 기산(祈山)을 공격하여 조조의 대군을 격파하였다. 제갈량이 인솔한 서촉 군이 쳐들어온다 하면 위나라 군신과 장병들은 언제나 당황하여 실색하였다. 조조의 군사(軍師) 사마의(司馬懿)는 서촉군의 병영 구역을 여러 번 통과하며 촉군의 진영을 보았다.

그때마다 그는 제갈량의 신묘한 용병술을 감탄해 마지않았다고
한다.

제갈량이 죽은 뒤에 조조는 대장군 종회(鐘會)를 선봉으로 세워
서촉을 대거 공격하였다. 종회는 수하를 한천(漢川)에 있는 제갈량
사묘에 보내어 특별히 제갈량의 제를 지내 주었다. 제갈량 묘지 근
처에서는 풀 한 포기, 나무 한 그루도 함부로 벌목하거나 훼손해서
는 안 된다는 군령까지 내렸다. 종회가 이렇게 한 것은 다만 제갈
량이 지모가 뛰어난 훌륭한 군사 지휘자여서만은 아닐 것이다.

여섯 차례나 기산으로 출전하여 위군을 토벌할 때 촉한의 대장
위연(魏延)이 여러 번 자기의 북벌 계책을 내놓았다. 즉 자기가 한
무리의 군사를 이끌고 형주 혹은 진령(秦嶺) 동쪽의 길을 열어 북
상한 뒤 제갈량과 회합하자는 전략이었다. 그러나 제갈량은 그때
마다 위연의 건의를 받아들이지 않았다.
이 사실에 관하여 후세 사학가들은, 제갈량은 위연의 계책이 위
험한 계책이라고 판단하여 받아들이지 않은 것으로 쓰고 있다. 그
러나 실은 '의로운 군사는 남을 속이는 기계(奇計)를 쓰지 않는다'
는 제갈량의 군사 사상이 제갈량으로 하여금 위연의 전략전술을

받아들이지 않게 했던 것이다. 당시 촉한의 군사는 무려 수만이나 되었다. 때문에 한실을 부흥한다는 정통성의 국책을 내걸고 당당히 공개적으로 위나라를 토벌하는 것이 정도(正道)라고 제갈량은 생각했다. 때문에 그는 은밀하게 장안을 기습하는 것을 허락하지 않았다. 이 점은 도의적으로도 공명정대한 제갈량의 성품을 말해 준다.

사마의는 공명(孔明, 제갈량의 호)보다 4세나 위였다. 다만 유감스러운 것은 나이가 적은 제갈량이 먼저 죽고 사마의가 건재했다는 점이다. 제갈량은 매사를 자신이 손수 챙겼는데, 결국 과로로 인해 병을 얻었고 아직 한참 일해야 할 나이인 쉰넷을 일기로 운명을 달리하였다. 이는 하늘이 촉한을 도와주지 않은 것이라고 볼 수 있다. 당나라 시성(詩聖) 두보도 제갈량이 일찍 죽고 촉한이 중국을 통일하지 못한 일을 애석해하며 추모시를 쓴 일이 있다.

멋대로 귀천을 가르지 않다

남제(南齊) 시기 육혜효(陸慧曉)란 사람이 있었다. 그는 성품이 근엄하고 매사에 조심스러웠다. 몇 왕조의 왕실에서 장사(長史)로 있었으니, 가히 달관귀인(達官貴人)이라 할 수 있는 인물이었다. 보통 수하의 신하가 그를 찾아와도 그는 예절을 지켜 문까지 가서 맞아들였다. 한 사람이 그에게 신분에 떨어지는 일은 그만하라며 다음과 같이 권유했다.

"장사관직은 아주 대단한 직위입니다. 대감께서는 직위에 알맞게 위엄을 지켜야 합니다. 남들이 잘못 보면 예절을 지키는 것이 아니라 비굴하다고 생각할 것입니다."

그러자 육혜효가 담담히 웃으며 대답했다.

"나는 남들이 예절을 지키지 않는 것을 가장 미워하고 꽤씸하게 생각하오. 그러니 우선 나부터 예절을 지켜야 하지 않겠소이까?"

육혜효는 일반 사대부를 '경'이라 부르지 않았다. 사람들이 의아

해하며 어째서 '경'이란 호칭을 쓰지 않느냐고 물었다. 육혜효는 별로 생각하는 기색도 없이 즉시 대답하였다.

"보통 사람이라면 '경'이란 호칭을 쉽게 쓸 수 있네만, 달관귀인들은 함부로 '경'이란 호칭을 쓰면 안 되네. 이 세상에 살면서 세상의 예절 규범에 맞게 처신하는 것이 도리라네. 제멋대로 귀천을 가른다면 그것이 어디 될 법한 일이오?"

그는 한평생 상대방의 직위로만 호칭하였다.

요즈음 경박한 젊은이들이 자신의 직위가 낮으면서도 어른과 이야기할 때, 어른과 동배의 사람들이 나오게 되면 서슴없이 '모모 선생님'이라고 호칭한다. 심지어 자기의 상급자의 말이 나와도 아마 선생님이라 호칭할 것이다. 이들은 다른 집 어른들 앞에서 그 집의 아들 손자나 조카들을 언급할 때도 '모모 선생'이란 말을 쓴다. 또 혹자는 재상이나 달관귀인들의 호를 거리낌 없이 부른다. 이 모든 것은 상하존비의 명분을 모르는 사람들의 행위이다. 이것은 습관이 그처럼 자연스럽게 된 것이지 이는 그들이 오만하거나 예의를 잘 몰라서 그렇게 된 것이 아니다.

한마디 진솔한 말로 추대된 한 위인

당조(唐朝) 태종(太宗) 정관(貞觀) 5년(631년)에 큰 가뭄이 들었다. 일대 영웅 이세민(李世民)도 하늘의 장난을 어쩔 수가 없어 뜨거운 가마 속의 개미처럼 안절부절못하였다. 중국의 전통 설법에 따르면 조정의 정치에 큰 잘못이 생겼을 때는 가뭄이 든다는 말이 있었는데, 그들도 이를 믿었다. 이세민은 어명을 내려 문무백관들이 부담 없이 상주를 올려, 생각한 대로 진솔하게 얘기하여 황제와 조정의 모든 잘못을 적발하고 지적하도록 하였다.

신하들 입장에서 보면 이처럼 맘 놓고 이야기할 수 있는 언로가 열리는 것은 바로 자신의 능력과 식견을 과시하고 표현하는 가장 좋은 기회가 되었다. 신하들의 상소는 눈꽃처럼 조정에 날아들었다.

그중 한 사람만이 상주문을 올리지 못해 안타까워했다. 그가 바로 중랑장(中郎將)인 상하(常何)였다. 무장(武將) 출신인 상하는 일

자무식이었다. 그는 무엇을 어떻게 써야 하는지 도무지 알 수가 없었다. 그러던 중 뜻밖에도 당태종이 상하의 진언서를 받겠다고 알려 왔다. 그는 상하의 문화적 수준을 잘 알고 있기 때문에 별로 신경을 쓰지 않고 건성건성 읽어 보았다. 그런데 읽으면 읽을수록 조리가 있고 문맥이 순탄하며 기승전결이 명확하여 깜짝 놀랐다.

상하의 진언서에서는 비평과 건의가 20건이나 제기되어 있었다. 더욱이 그가 제기한 것들은 모두 실정에 맞는 말이고 진실되어 참작할 가치가 매우 높았다. 당태종은 이를 기이하게 여겨 그 즉시 상하를 궁궐로 불러들였다.

상하는 황제를 알현하는 것이 복이 될지 화가 될지 몰라 겁을 잔뜩 먹고 있었다.

당태종이 단도직입적으로 그에게 물었다.

"이것은 제법 좋은 글인데, 그래 이 글을 장군이 쓴 거요?"

그제야 마음이 놓인 상하가 이실직고하였다.

"아니옵니다. 소신은 문필력이 없사옵니다. 이 진언서는 소신의 문객(門客)인 마주(馬周)가 대필한 것이옵니다."

마주는 산동 사람이었다. 어릴 때에 양친 부모를 잃고 매우 고독하고 가난하게 지냈다. 도처로 유랑하던 마주가 얼마 전 상하의 집에 들러 식객으로 그 집에 눌러앉아 있었는데, 하루는 객실에서 수

심에 쌓여 있는 상하를 보고 이상히 여긴 마주가 연고를 물었다.

상하가 곧바로 진언서 때문에 상심하고 있음을 말하자 마주는 그 즉시 그를 대신해 진언서를 작성하였다. 인재를 무척 아끼는 당 태종은 상하의 말을 듣고 마주를 궁궐로 불렀다.

그런데 마주가 좀처럼 나타나질 않았다. 마주가 어떤 인재인가 당장 알고 싶은 태종은 다시 4명의 시중을 보내 마주의 입궐을 재 촉했다. 드디어 마주가 입궐하자 당태종은 그와 함께 천하의 정세 를 논했다. 당태종은 마주의 견식에 아주 만족해했다.

당태종은 우선 그에게 지방 관직을 하사했다. 그리고 훗날 마주 는 당나라의 재상까지 되어 역사에 길이 빛날 업적을 남기었다. 물 론 상하도 이에 따라 이득을 보았다. 당태종은 상하가 진솔하게 인 재 마주를 천거하였다며 감사하다는 뜻에서 비단 삼백 필을 하사 하였던 것이다.

부패의 뿌리가 깊으면 인재를 등용할 수 없다

당문종(唐文宗) 태화(太和) 2년(828년), 문종은 직접 과거 제도를 제정하고 인재를 선발하였다. 유분(劉蕡)이 과거에 응하여《책론(策論)》을 지었다. 그는 이《책론》을 통해 환관의 부정 비리를 격렬한 언사로 규탄하였다. 얼마 뒤 배휴(裴休), 이합 등 22인이 과거에 급제하여 벼슬자리에 올랐다. 고시관(考試官) 좌산기상시(左散騎常侍) 풍숙(馮宿), 태상소경(太常少卿) 가속, 고부랑중(庫部郎中) 방엄(龐嚴) 세 사람이 유분의《책론》을 보고 감탄하였으나 환관 세력이 무서워 그를 급제시키지 않았다. 그러자 이합이 분개해서 말했다.

"유형이 낙방하고 우리가 급제했으니 쑥스럽기 짝이 없소."

그리고 이어 황제에게 사실의 시말을 진언서로 써 올렸다.

"유분이 쓴《책론》은 한나라와 위나라 이후 보기 드문 글이옵니다. 고시관 등은 유분이 환관의 비리를 밝혔다고 해서 그를 감히 채용하지 못했사옵니다. 이렇게 된다면 일후 조정에는 충신이 나타나기 어려울까 걱정이 되옵니다. 소신이 지은 《책론》은 유분이 지은 《책론》에 비할 바가 아니 되옵니다. 바라옵건대 황제 폐하께서는 소신을 낙방시키고 소신 대신 유분의 강직함을 어여삐 여기시어 그를 급제시켜 주옵소서."

하지만 이 진언서는 아무런 회답을 받지 못했다.

당시는 배도(裴度)·위처후(韋處厚)·두역직(竇易直) 세 사람이 재상이었다. 두역직은 더 말할 것도 없거니와 위처후와 배도 같은 현명한 재상이 무엇 때문에 이 일을 공정하고 사리에 맞게 처리하지 못했을까? 그들은 심지어 진언상주서에 관해 입 밖에 내지도 못 하도록 금지시켰다. 그들이 가슴 가득 부끄러움을 느끼면서도 이와 같이 끝내 이 사실을 비밀에 부칠 수밖에 없었는지 궁금할 뿐이다.

유분은 이 과거에 응시한 문장으로 인하여 조정에 등용되지 못하였고, 이합은 조정에서 중시되지 못하였다. 아마 그 누구도 감히 그를 기용하지 못했을 것이다. 그러나 영호초(令狐楚)·우승유(牛僧儒)만은 대담히 유분을 댁으로 모셔 스승을 모시듯 예의를 지켰다. 하지만 유분은 끝내 환관들의 참소를 이기지 못하고 양주사마(楊州司馬)로 강직되어 내려갔다.

시인 이상은(李商隱)이 유분의 처우를 매우 동정하였다. 이상은

이 지은 '유사마에게 드림'이란 시를 보자.

　　강바람이 불어 대며

　　구름 뿌리를 흔드네

　　기우뚱거리는 배를 매어 놓으니

　　하루해가 다 지누나

　　황새의 초지가 끊어지자

　　문인의 귀혼(歸魂)이 놀라 버렸네

　　한나라 조정의 어명은

　　그 누가 만드는지

　　초나라의 높은 노래

　　저절로 엎어지네

　　만 리 길에 상봉하니

　　눈물부터 앞서고

　　봉황의 둥지가 서역에 지어졌네

　유분이 죽은 뒤에도 이상은은 또 여러 수의 시를 지어 그를 애도
하였다.

　　한마디 불러 보며 천여 번 돌아보건만

하늘이 너무 높아 들리지 아니하네

이미 진나라의 추방객이 되었어도

다시 진나라의 원혼이 될지어라

원한과 눈물이 한데 겹치어 잠들어 천지간에 묻노라

그의 시 구절구절마다 비통한 감정이 극치를 이루고 있다. 그로부터 7년 뒤에 환관을 주살하려다가 오히려 환관들에게 피살당한 '감로지변(甘露之變)'이 터졌다. 구천에 있는 유분이 이 일을 알고나 있겠는지 궁금할 따름이다.

국사를 논함에 있어 직위보다 중요한 것은 충성심이다

백거이(白居易)가 좌찬선대부(左贊善大夫)로 있을 때, 경성 장안(長安, 지금의 섬서성 서안시) 종로 네거리에서 비적들이 당시의 재상 무원형(武元衡)을 암살하였다. 경성 안팎이 물 끓듯 들끓었다. 백거이가 문무백관 중 맨 먼저 황제에게 상소를 올렸다. 즉시 용의자를 체포하여 그 목을 베어야만 조정의 치욕을 씻을 수 있다는 논지였다. 그는 징법 관련 부서에서 반드시 용의자를 찾아내야 한다고 강조하였다.

당시 다른 두 재상은 백거이가 직접 황제에게 상소할 권한이 없는 미천한 직위에 있었기 때문에 심기가 몹시 상했다. 그들은 백거이를 강주사마(江州司馬)로 경질시켜 한직으로 밀어냈다. 그때의 재상은 장홍정(張弘靖)과 위관지(韋貫之)였다. 장홍정은 그렇다 치고 위관지가 이 일을 이렇게 처리한 것은 그의 과실이 아닐 수 없다. 백거이가 양우경(楊虞卿)에게 보낸 편지에 이에 관한 내막이 상

130

세히 기록되어 있다.

어명이 이미 내려왔습니다. 내일이면 강주로 가게 됩니다. 이 생각 저 궁리 착잡한 것이 마치 목구멍에 뼈가 걸린 것처럼 답답합니다. 이 뼈를 토해 내야 속이 시원할 것 같아 이 글을 씁니다.

작년 6월 강도들이 백주에 경성 네거리에서 우승상 무원형을 암살했습니다. 선혈이 길바닥에 낭자하게 흘러 바닥을 흥건히 적시고 있었습니다. 비적들은 그의 머리까지 베어 갔습니다. 잔인하기 짝이 없는 무뢰한들이었습니다.

만조 문무백관들은 대경실색하여 어찌할 바를 몰랐습니다. 소인은 유사 이래 이런 끔찍한 일은 없었던 것으로 알고 있습니다. 이처럼 비참한 일을 보았을 때 한낱 농부들도 묵묵히 침묵을 지키지는 않을 것입니다. 하물며 저와 같은 조정의 신하들이야 더 말할 것이 무엇이겠습니까? 분개와 증오를 마음속에 묻어 두고 발설하지 말아야 옳습니까? 그래서 아침나절에 무재상이 숨을 거둔 후 저는 상소문을 점심때 다 써서 그길로 조정에 올렸습니다.

이틀이 지난 뒤 경성이 이 일을 다 알게 되었습니다. 저의 상소문을 찬성치 않는 사람들은 그 상소문이 진심이 아니라 가식이라고 일축했습니다. 즉 '승상(丞相) · 시랑(侍郎) · 급사중(給事中) ·

사인(舍人)·간관(諫官)과 어사(御史) 등이 아직 상소를 올리지 않았는데 미천하기 짝이 없는 찬선대부(贊善大夫) 따위가 그들을 앞질러 우국지심(憂國之心)을 보여 준 것은 도대체 무슨 심보냐?'고 말하고 있었습니다.

저는 이상의 말을 듣고 곰곰이 생각해 보았습니다. 하긴 찬선대부(贊善大夫)의 직위는 낮고 비천합니다. 하지만 조정에 비상 사건이 터졌을 때 그날로 상서를 작성하여 조정에 올린 것은 마땅히 충성스러운 일이라 생각합니다. 이것은 재상을 암살한 극악무도한 강도들에 대한 분노의 표시이며 사건을 빨리 처리하여 혼란해진 조정 국면을 바로 잡으려는 진심의 표달입니다.

저는 죄송스럽고 미안한 일이라고는 조금도 없습니다. 비록 혹자는 저의 상소문을 두고 망언이라고들 하며 도대체 제 몸이 몇 근이나 가느냐고 뒷공론을 합니다만, 국가의 불행을 보고 어찌 못 본 척하고 가만있겠습니까?

이상이 백거이 자신의 자술이다. 마디마디 옳은 말들이다. 그를 쫓아낸 자들이야말로 자신의 속이 좁쌀만 함을 드러낸 것이었다.

모함을 달갑게 받아 역사에 길이 빛나다

대당의 명신 노군공(魯郡公) 안진경(顏眞卿)은 의리가 있고 충성심
이 강하며 절개를 중히 여겼다. 당나라뿐만 아니라 한나라 이래로
지금까지 충의를 지킨 사람들 중 그의 인품과 비교할 신하가 없을
정도였다.

그러나 그의 일생과 경력은 순탄하지만은 않았다. 당명황(唐明
皇) 때 재상 양국충(楊國忠)은 그를 미워하였다. 그때 안진경은 궁
궐에서 시어사(侍御史)로 있었는데 양국충이 그를 평원(平原)태수
로 경질시켰다.

숙종(肅宗) 때는 또 태묘(太廟)에 제단을 신축하는 것을 반대하
였다. 이것이 재상 등 대권을 쥔 사람들의 미움을 사게 되어 어사
대부(御史大夫)에서 풍익(馮翊) 태수로 경질되었다. 대종(代宗) 이
예(李豫) 때는 상서(尚書)로 임명되었고 노군공(魯郡公)이란 작위를
수여받았다. 그런데 강직한 그는 또 제기(祭器)가 미비하다는 상주

서를 올렸다.

이때 중서시랑(中書侍郞) 원재(元載)가 안진경이 조정을 비방하였다며 탄핵서를 올렸다. 그리하여 안진경은 또 협주태수(峽州太守)로 내려갔다. 덕종(德宗) 때 그는 이부상서(吏部尙書)로 발탁되었으나 원재와 같은 당파였던 재상 양염(楊炎)은 그를 동궁산질(東宮散秩)로 강직시켰다. 그때 재상 노기(盧杞)가 국정을 마음대로 농락하고 있었다.

노기도 안진경의 정직과 의리를 못마땅하게 여기던 중 마침내 그를 태자태사(太子太師)로 강직시켰다. 노기는 그에게 여러 번 사람을 보내어 지방 관직으로 내려갈 의향이 없느냐고 물었다. 그러자 안진경이 노기를 찾아가 노기에게 왜 자기를 못살게 구느냐고 질책했다.

노기는 이 일이 아니꼬워 기회를 엿보아 보복하려 했다. 마침 이해에 남평군왕(南平郡王) 이희열(李希烈)이 당나라에 반기를 들고 군사를 일으켰다. 이때 노기가 안진경을 남평으로 보내 이희열을 설득하게 하자는 진언을 황제께 올렸다. 사실 이미 반기를 든 이희열을 설득하여 귀순시킨다는 것은 무모한 일이었다. 다만 노기는 이를 이용하여 안진경을 해치려고 생각했던 것이다. 그때 안노공(顔魯公)은 이미 75세의 고령이었다.

그가 한평생 세운 공훈은 이미 해와 달에 비길 만큼 혁혁했다. 그는 위험을 생각지 않고 전쟁터에서 말을 달려 적장과 정면 대결도 하였고, 그 어떤 모험도 달갑게 받으며 조정을 위하여 일편단심 충성을 해 왔다. 그런데 이번에는 함정인 줄 뻔히 알면서도 황제의 어명이었기에 그 일을 맡기로 했다. 결국 그는 노기의 간계에 의해 살해되고 말았다. 당시 여론은 그의 죽음을 두고 뼈저리게 아쉬워하였다.

위험 앞에 맞서서 환관과 싸우다

어조은(魚朝恩)은 당조(唐朝)의 환관이었다. 그는 현종(玄宗)·덕종(德宗)·대종(代宗) 삼대에 걸쳐 당조를 모셨다. 그래서 그는 어디서나 늘 큰 소리를 땅땅 쳤고 사람들을 포악하게 대했다. 그의 세력은 대종(代宗) 때 극치에 달했다.

조정에서 문무백관을 소집하여 조회를 열 때 어조은은 자기 맘대로 대신들을 조롱하고 모독하였다. 구변 좋고 강직한 재상 원재(元載)도 그에 대해서는 어쩔 수가 없어 침묵만을 지켰다. 하지만 예부시랑(禮部侍郎) 상리조(相里造), 전중시어사(殿中侍御史) 이간은 그의 위엄 앞에 당당히 맞섰다. 화가 날 대로 난 어조은이 이간의 관직을 파면시켰다.

어조은은 재상을 파면시켜 조정의 모든 권리를 제 손아귀에 넣으려고 했다. 하루는 그가 상서성(尚書省)의 관청에서 문무백관들을 소집해 놓고 훈계를 하였다.

"금년에 가뭄과 홍수가 겹쳐 농작물 수확이 형편없이 감소된 것을 여러분들도 잘 알고 있을 것이오. 지금 황제 폐하께서는 우려가 극심하여 밤잠도 제대로 못 주무시고 있소. 이럴 때 황제를 보필한다는 재상들은 뭘 하고 있는 것이오? 차라리 그 자리를 내놓고 재능 있는 사람에게 넘겨주는 편이 바람직하지 않겠소?

재상은 이런 말을 듣고도 허리를 굽실거리며 그의 말에 찬동했고 뭇 대신들은 대경실색하였다. 이때 상리조가 나서서 어조은의 말을 반박하였다.

"음양이 불화하여 곡식 값이 오르고 군량미가 부족한 것은 관군용사(觀軍容使, 당조 때 환관이 이 관직을 겸해 군대의 장군들을 감시했다)로 있는 대감의 실책입니다. 재상은 이 일과 관련이 없습니다. 소인이 보건대 군비를 어느 누가 횡령한 것 같습니hh다. 그래서 하늘이 벌을 내린 것입니다. 지금 경성에는 큰일이 없습니다. 금군(禁軍)이면 경성의 치안 질서를 얼마든지 지킬 수 있다고 봅니다. 경성 근처 교외에 10만 대군을 주둔시키고 있어서 군량이 부족한 것입니다. 신들이 횡령하거나 더 타먹은 것은 없습니다. 결론적으로 얘기해서 지금 이런 후과를 빚어 낸 것은 단연 관군용사(觀軍容使)로 있는 대감의 잘못입니다. 문서 처리를 책임진 재상에게 이 책임을 전가한다는 것은 어느 이치에도 맞지 않습니다."

대의명분을 밝혀 반박하는 상리조의 말에 얼른 대답할 말을 찾지 못한 어조은은 한참 동안 어리벙벙해 있다가 소매를 뿌리치고 물러나면서 뇌까렸다.

　"흥, 알고 있어. 너희 남아[南衙, 당조 시기 조정의 대기관들이 일보는 관청을 남아라 한다. 이는 환관들이 집거한 북사(北司)와 대칭되는 말이다.]의 붕당들이 나를 모함하려는 거지!"

　이 일은 《신당서(新唐書)》 〈환자전(宦者傳)〉에 수록되어 있다. 때문에 상리조의 전모를 반영하지 못하였다. 환관들이 전권을 장악하여 황제를 좌지우지하는 상황에서 예부낭중(禮部郎中)이란 자그마한 관직에 있는 상리조가 위엄 있게 맞서서 사리를 당당히 밝힌다는 것은 대단히 탄복할 만한 일이다. 그런데 명인의 의논이나 직언을 수집하는 후세 사람들의 기록에는 상리조를 칭찬하는 글이 없다. 사마광(司馬光)의 《자치통감(資治通鑑)》에도 이를 기술하지 않았는데, 이는 유감천만이 아닐 수 없다. 그래서 내가 이 일을 기록하여 상리조를 표창하고자 한다.

사람마다 주어지는 기회가 다르다

당나라 때 괵주(지금의 하남성 영빈)는 서경 장안(長安)과 동도(東都) 낙양(洛陽) 사이에 위치해 있었다. 황제가 이 두 곳을 왕래할 때면 꼭 괵주를 지나갔다. 황제와 그를 호위하는 대오가 이곳을 지날 때면 백성들은 말먹이 사료를 바쳐야 했다.

당현종(唐玄宗) 때 괵주의 자사(刺史)는 한휴(韓休)였다. 한휴는 자사로 있으면서 당지의 민생을 이해한 결과 사료를 바치는 일이 이곳 백성들의 큰 부담이라는 것을 알게 되었다. 그래서 그는 조정에 상주서를 올려 그 부담을 괵주에서만 감당할 것이 아니라 인근 주(州)·군(郡)에서도 분담할 것을 건의하였다. 그때 재상으로 있던 장설(張說)이 그 상주문을 보고 중얼거렸다.

"한휴의 이 상주문은 당지의 민심을 사기 위한 술책이군. 이것은 기실 괵주 백성들의 부담을 덜기 위한 것이라기보다는 제 위신을 올리려는 사심에서 비롯되었군."

조정은 한휴의 청구를 불허하였다.

한휴는 그래도 실망하지 않고 재차 상주문을 올려 조정의 토론에 부쳤다. 그러나 그의 수하들은 이렇게 하면 재상의 미움을 사게 되고 재상의 미움을 사게 되면 앞날이 근심스러우니 상주하지 않는 편이 좋겠다고 권유했다. 한휴는 수하의 권유를 고맙게 받아들이긴 했지만 들어주지는 않았다.

"자사(刺史)로 있으면서 백성들의 어려움을 뻔히 아는데 그것을 처리해 주지 않는다면 그게 무슨 자사겠소. 가령 이 일로 재상의 노여움을 사게 된다 하더라도 이 사람은 그저 수수방관만 하고 있을 수는 없네!"

한휴의 두 번째 상소를 받은 조정에서는 이를 소홀히 처리할 수 없어 신중하게 논의하였다. 그 결과 한휴의 건의를 수용하여 인근 여러 주(州)에서 사료 공급을 분담하기로 하였다.

당덕종(唐德宗) 때는 노기(盧杞)가 괵주 자사로 임명되었다. 당시 그곳에는 관가에서 사육하는 돼지 삼천 마리가 있었다. 이 돼지들은 자주 밭으로 나가 곡식들을 마구 짓밟고 뜯어먹었다. 그러나 백성들은 감히 이를 말리지 못했다. 노기가 이 일을 조정에 회보하였다. 덕종이 상소를 보고 어명을 내렸다.

"그렇다면 그 돼지를 동주(同州) 사원(沙苑)으로 옮겨 사육하도록 하게!"

노기가 다시 상소를 올렸다.

"동주의 백성들도 역시 폐하의 신민(臣民)들이옵니다. 그 돼지를 어디로 옮겨 먹인다 하더라도 결국은 백성들에게 피해를 줄 것이오니 차라리 잡아 치우는 것이 바람직하옵니다."

덕종이 그의 두 번째 상주서를 보고는 고개를 끄덕였다.

"괵주 자사로 있으면서 본주뿐만 아니라 다른 주 백성들의 질고까지 염려하니 그는 필경 재상감이군."

덕종은 어명을 내리어 삼천 마리 돼지를 당지 백성들에게 나눠 주었다. 뿐만 아니라 노기를 발탁하여 중임을 맡겼다. 노기는 대궁으로 들어온 이듬해에 재상이 되었다.

한휴와 노기는 다 괵주 자사였다. 그리고 그들은 또 똑같이 당지 백성들의 민생을 위하여 조정에 두 번이나 상주문을 올렸다. 그런데 장설 재상은 한휴의 상소가 이름을 알리기 위한 수단이라며 사심이 발동한 것이라 본 것에 반해, 노기에 대해서는 의심증이 많은 당덕종이 오히려 재상감이라며 중임을 맡겼다. 이 일을 볼 때 '사람마다 다 주어지는 기회가 있다'는 말이 무리는 아니라고 본다.

담량과 식견이 탁월하여 비할 자 없다

소영사(蕭穎士)의 자는 무정(茂挺)이며 당조(唐朝)의 명인이다. 후세의 학자들은 그의 학식과 재능에 대해서 다 같이 칭찬하였지만 그가 동노(童奴)를 때린 일에 대해서는 대체로 질책하였다. 그러나 내가 관련 사료들을 반복해서 대조해 본 결과 소영사는 지혜가 출중할 뿐만 아니라 절개가 굳고 성격이 강직한 사람이었다.

소영사가 집현전(集賢殿)의 교리(校理)로 있을 때다. 당시 정권을 휘두르던 간신 이임보(李林甫)가 그의 명성을 듣고 그를 불렀으나 소영사는 재상 이임보의 부름 따위는 거들떠보지도 않았다. 이임보는 적이 속으로 몹시 불쾌하였다.

'내가 누군데 감히 나를 무시해!'

훗날 소영사가 국사관에서 일을 보게 되었다. 그는 이임보가 조정을 떡 주무르듯 하며 신하들을 못살게 구는 것을 보고 못내 못마땅하게 여겼다. 소영사를 눈의 가시로 여긴 이임보는 기회를 타서 그를 낙양(洛陽)의 하남부참군(河南府參軍)으로 강직시켰다.

안녹산(安祿山)이 황제의 총애를 빙자해서 조정 신하들을 안하무인으로 대하자 소영사는 그의 내심을 벌써 알아차렸다. 하루는 소영사가 유병(柳弁)을 찾아갔다.

"오랑캐 녀석(안녹산은 오랑캐 사람이다)이 황제 폐하가 총애한다고 너무 자만하며 판을 치고 있으니 그가 기병하여 반란을 일으킬 날도 멀지 않았소. 두고 보십시오. 동경(東京, 낙양의 별칭)이 먼저 함락될 것입니다."

얼마 뒤 소영사는 병을 빙자해 낙양을 떠나 버렸다.

과연 얼마 뒤 안녹산이 반란을 일으켰다. 소영사는 안녹산의 반란군을 평정할 대책을 의논하려고 하남(河南) 채방사(採訪使) 곽납(郭納)을 찾아갔다. 그러나 곽납은 그의 제언을 받아들이지 않았다. 실망한 그는 개탄해 마지않으며 말했다.

"하루 종일 주색에 빠진 고관대작들이 허술한 방어로 맹호와 같은 안녹산군(安祿山軍)을 막아 낸다는 것은 우스꽝스러운 일이 아닐 수 없구나!"

그 뒤 대장군 봉상(封常)이 낙양(洛陽)을 지키고 있다는 말을 듣고 소문 없이 낙양으로 들어가 그의 처사를 관찰해 보았다. 결론은 역시 대실망이었다. 그는 야밤삼경에 다시 낙양을 빠져나와 산남의 동도로 피난을 갔다. 당지의 절도사(節度使) 원유(源洧)가 양양(襄陽)을 포기하고 강릉(江陵)으로 후퇴하여 그곳을 사수하려 했다. 그러자 소영사가 그렇게 하면 안 된다고 그에게 진언하였다.

"아닙니다. 양양은 천하의 목통이며 중국 남부의 중심지입니다. 이곳을 포기하면 국가 대세가 기울어져 수습하지 못할 어려움에 빠지게 됩니다. 대감은 무슨 생각으로 이처럼 중요한 군사 요충지를 포기하려 합니까? 천하의 웃음거리가 되고 싶습니까?"

원유는 그의 진언에 일리가 있다고 여겨 포기하려던 원래의 계획을 취소하고 양양을 고수하였다. 원유가 죽은 뒤 소영사는 동쪽의 금릉(金陵, 지금의 강소성 남경시)으로 갔다. 그때 당현종의 아들 영왕(永王) 이린(李璘)이 소영사의 명망을 알고 그를 자기 신변으로 영입시키려 했다. 그러나 소영사는 영왕이 부황의 보좌를 노리고 있음을 간파하고 대역무도한 자와는 한 자리를 할 수 없다 하여 영왕의 부름을 거절하였다. 그 뒤 유전(劉展)이 또 반기를 내들었다. 유전의 군대가 옹구(雍丘)를 포위하자 절도부사(節度副使) 이승식(李承式)이 파병하여 옹구를 응원하기로 했다. 하지만 그는 시급을 다투는 이 중요한 시기에 출병할 생각은 않고 군사들을 위로한다는 명목으로 술잔치부터 벌이려고 했다. 그러자 소영사가 이승식에게 진언하였다.

"지금 폐하께서 어려움을 당해 경성을 떠났는데 여기서 흥청망청 연회나 벌이고 있으면 도리에 어긋나는 일입니다. 당장 전방으로 가서 전력투구를 해도 시원찮은 판인데 술과 음식이라니 가당키나 한 일이오? 이렇게 해서야 군사들이 전방으로 갈 마음이 생기겠습니까?"

이승식은 그의 진언을 마이동풍으로 흘려보냈다.

상기한 몇 가지 사례를 보더라도 소영사의 절조와 담량, 그리고 식견이 얼마나 출중한지 잘 알 수 있다. 지금 그에 대한 평가가 아주 천박하지만 이는 잘못된 것이다. 이백(李白)은 만고절창을 지은 대시인이다. 하지만 그는 영왕 이린의 반란군에 참여했다가 한평생 그 오물을 씻지 못해 고생하였다. 하지만 소영사는 미리 이린의 진면목을 간파하여 부름에 응하지 않았던 것을 보면, 그의 견식은 확실히 이백을 초월했다 할 수 있다.

법을 바로 세우려면 그 집행이 대쪽 같아야 한다

강서에 있는 요주(饒州, 지금의 강서성 파양시)는 오랫동안 재난이 산적한 지역이었다. 갖가지 일들이 산처럼 쌓여 있었지만 누구 하나 처리할 엄두를 내지 못했다. 자연히 도탄에 빠진 백성들의 원성도 자자했다. 송태종(宋太宗) 태평흥국년(太平興國年) 때 조정에서는 줏대가 있고 성격이 강한 관료를 그곳의 지주(知州)로 발탁시키려 했다. 이때 이곳의 지주로 임명된 사람은 범정사(范正辭)라는 인물이었다.

현지에 부임한 범정사는 첫 시작부터 산적한 사건들을 과감히 처리하였다. 그때까지 판결을 내리지 못해 억울하게 구속된 사람들을 대담하게 석방하였다. 그리고 무능하고 비리가 있는 관리 63명을 파면시켰다. 요주는 서서히 질서가 잡혀 가기 시작했다.

얼마 뒤 조정에서 소령(詔令)이 내려왔다. 똑똑한 군인들을 골라 동경(東京) 개봉(開封)으로 올려 보내라는 내용이었다. 이때 향토 의식이 강한 군졸 왕흥(王興)이 고향을 떠나기 싫어서 고육계(苦肉計)를 썼다. 그는 스스로 칼로 다리를 찍은 후 절룩거리며 범정사를 찾아가 자기는 개봉으로 갈 수 없다고 아뢰었다. 그러나 범정사가 어떤 사람인데 그의 얕은수에 넘어가겠는가. 대노한 범정사는 그의 말이 끝나기도 전에 수하를 시켜 그의 목을 잘라 버렸다.

하지만 일이 엉뚱한 방향으로 흘러 버렸다. 판결에 불복한 왕흥의 아내가 범정사가 함부로 무고한 사람의 목숨을 빼앗았다며 조정에 상소문을 올린 것이었다. 송태종은 어명을 내려 범정사를 경성으로 소환시켰다. 황제의 질책 앞에서 범정사는 조금도 당황함 없이 침착하게 변론하였다.

"동남 여러 주에서 요주는 물산도 풍부하고 인구도 많사옵니다. 인심을 장악하지 못하면 만사가 뒤헝클어지게 되옵니다. 그런데 이처럼 중요한 때 왕흥이 어명을 어기고 눈가림 장난을 하였사옵니다. 만약 이런 사람을 엄하게 처벌하지 않으면 또 무슨 큰일이 벌어질지 모르옵니다. 그때가 되면 저의 죄는 더 클 것이옵니다."

범정사의 해명을 들은 송태종은 그의 말에 일리가 있다고 여겨 고개를 끄덕였다. 범정사의 과감하고 결단성 있는 처사를 어여삐 여긴 송태종은 그를 처벌하지 않았을 뿐만 아니라 오히려 한 단계 진급시켜 강서로(江西路)의 전운부사(轉運副使)로 임명하였다.

강서로 돌아온 범정사는 각 주(州)와 군(郡)을 순찰하였다. 그가 요주에 도착했을 때 민가를 강탈한 사건이 막 터졌다는 소식을 듣게 되었다. 이와 연루된 범인 14명이 재판을 받았고 그들 모두를 사형에 처하기로 했다. 범정사가 이 사건을 다시 재심할 때 용의자들이 닭똥같이 굵은 눈물을 떨어뜨리며 자신들의 억울함을 하소연하였다. 범정사는 그들이 정말로 범인이 아닐지도 모른다는 직감이 들었다. 그리하여 용의자들을 감옥에서 다른 곳으로 이감시킨 후 다시 조사를 시작했다.

아닌 게 아니라 얼마 뒤 누군가가 진범이 숨어 있는 곳을 신고하였다. 범정사는 비밀리에 군사를 보내 범인들을 체포하게 했다. 그런데 범인들이 이 소식을 미리 알고 사전에 도주하였다. 범정사는 단창필마로 그 뒤를 쫓았는데 성 밖 20여 리 밖에서 그들과 마주쳤다. 도적의 무리는 자기네 머릿수만 믿었지 범정사의 창 쓰는 솜씨는 가늠도 하지 않은 채 활과 창으로 범정사를 위협했다. 범정사는 그들의 위협 앞에 위무도 당당하게 큰 소리로 꾸짖으며 말채찍을 휘둘러 한 비적을 내리쳤다. 그러자 그 비적은 채찍에 두 눈을 맞고 비명을 지르며 넘어졌다.

이 광경을 본 나머지 비적들은 그 무예에 얼굴이 하얗게 질려 감히 대들 생각조차 못했다. 그리고 이내 누가 먼저랄 것도 없이 꽁지가 빠지게 도망쳐 버렸다. 범정사는 채찍에 눈을 맞는 바람에 미처 도망가지 못한 비적을 문책하여 근처에 파묻어 놓은 장물(贓物)을 찾아냈다. 심의 결과 그 도적은 사형에 처해졌고 원래 억울하게 구속되었던 14명도 무사히 사면되었다.

마땅한 이치야 누군들 말 못하겠는가.
자신은 제외시키니 혼자만 의롭구나

당무종(唐武宗) 때 이덕유(李德裕)가 재상으로 있었다. 당무종은 이덕유의 말이라면 콩으로 메주를 쑨다 해도 믿을 정도였다. 그때 급사중(給事中)으로 있던 위홍질(韋弘質)이 황제에게 재상이 재정까지 겸해서 관리하면 안 된다고 간하였다. 이덕유가 이 일을 알고 황제에게 상주하였다.

"춘추전국 때 관중(管仲)이 재상으로 있었사옵니다. 장기간 재상으로 있으면서 부국강병을 실현했사옵니다. 그는 치국의 관건을 다음과 같이 말했사옵니다.

'조정의 법령이니, 법령을 엄하게 집행해야 황제 폐하의 위상이 세워진다. 치국의 근본 수단은 조정의 법령이기 때문에 그렇게 해야 국가가 안정된다. 신하가 함부로 조정의 법규를 수정해서는 안 되고, 혹시 법규의 조례를 맘대로 빼거나 추가했을 때는 마땅히 처형을 내려야 한다. 신하가 조정의 법규를 준수하지 않았을 때도 처형을 해야 한다. 상기한 다섯 가지 죄는 모두 사면할 수가 없는 것이다.'

관중은 또 이런 말을 했사옵니다. '법령은 군주(君主)가 제정하는 것인데 신하들이 법령 제정을 두고 이러쿵저러쿵 의논하는 것은 군주의 대권이 신하의 손에 있다는 것밖에는 안 된다.'

그런데 불행하게도 선황(先皇) 문종(文宗) 태화년 이래로 이러한 폐단이 조정에 나타났습니다. 조정에 법령이 있음에도 불구하고 신하들이 공론을 하고 있다는 것입니다. 이런 관습을 근본적으로 치유하지 못하면 나라를 제대로 다스리지 못할 것입니다. 신하들의 직무 권한을 획분하는 것은 황제 폐하의 권리이옵니다. 그런 면에서 위홍질은 미천한 신하라 할 수 있습니다. 따라서 그가 하지 말아야 할 말을 함부로 지껄이게 해서는 안 되며 그가 간섭하지 말아야 할 일을 주제넘게 간섭하게 해서는 아니 되옵니다. 그는 황제 폐하께 직접 말할 권리가 없사옵니다. 그가 그렇게 말함은 재상을 무시하는 것이옵니다."

이덕유는 조정에 위엄이 있고 신하들이 법령을 지키며 재상이 황제를 보필하여 대사를 처리해야만 권리가 각 지방에 분산되지 않고 또 중앙이 텅 빈 틀로 되지 않는다는 도리를 설명한 것이다.

이덕유가 집정할 때 다른 재상들은 허수아비에 불과했고 모든 대소사를 그 혼자서 전단(專斷)하였다. 그런 면에서 황제에게 간한 그의 상주는 기실 자신의 죄를 스스로 묻고 있는 것이나 마찬가지였다. 다 알고 있으면서 자신은 그렇게 실천하지 않았으니 이덕유야말로 무도한 자였으며, 그 말을 듣고도 아무것도 깨닫지 못한 당무종도 참 딱하다 아니 할 수 없다.

대화로 교묘히 황제를 타이르다

심계장(沈季長)이 송신종(宋神宗) 때 숭정전(崇政殿) 궁궐에서 황제에게 경사를 강독하였으며 황제의 자문을 맡고 있었다.

한번은 심계장이 과거 고시관 책임자가 되어 개봉에서 진사 고시를 치렀다. 고시가 끝난 다음 신종 황제를 알현하여 고시 상황을 보고하였다. 그의 보고를 다 듣고 난 신종 황제가 물었다.

"《지혜로 나라를 다스리는 것은 잘못임을 논함》을 지은 자가 누구인가?"

심계장이 대답했다.

"이정(李定)이 그 글을 지었사옵니다."

신종이 말했다.

"들건대 이정은 이 글로 과인을 풍자했다던데 그게 정말인가?"

황제의 이 물음을 듣고서야 황제의 의중을 깨달은 심계장이 여유 있게 대답했다.

"이정이 폐하의 시종으로 있은 지는 이미 몇 년이 되옵니다. 얼마 전 어사(御史)가 이정이 인륜 도덕을 저버린 행위를 했다 하여 탄핵 상소를 올린 일이 있었사옵니다. 그 이유인즉 이정이 부모의 거상을 치르지 않았다는 것이옵니다. 폐하께서는 뭇 신료들의 의논에도 불구하시고 그를 진급시켜 주시었사옵니다.

이정이 실리적인 이득을 보려는 생각이 있을지 몰라도 폐하의 망극하신 은덕만은 잊지 않을 것이옵니다. 소신이 감히 폐하께 보증하옵니다만 이정에게는 결코 폐하를 풍자하려는 마음이 없었을 것입니다.

《시경(詩經)》에 이런 말이 있습니다. '말하는 사람에게는 죄가 없으니 듣는 사람이 말을 삼가야 한다.' 《상서(尙書)》에도 이런 말이 있사옵니다. '소인배들이 뒷공론하며 쑥덕거려도 그를 더 공경하는 것이 덕을 쌓는 일이다.' 폐하께서 곰곰이 생각하여 보시옵소서. 폐하께서는 지혜로 나라를 다스리는 것이 아니지 않사옵니까? 그런데 왜 하필 이정의 문장을 의심하옵니까? 그 문장은 폐하를 풍자한 것이 절대 아니옵니다."

심계장의 말을 다 듣고 난 신종의 얼굴에 미소가 흘렀다.

"그렇군. 애경(愛卿)의 말에 일리가 있군. 과인도 알고 있네. 애경은 직위가 높아질수록 다른 사람을 위해 좋은 말을 더 많이 하는

154

것 같네."

심계장이 눈치 빠르게 황제의 칭찬을 받아넘겼다.

"황공하옵니다. 소신은 다른 사람을 위해 변명하는 것이 아니옵니다. 다만 황제 폐하께 올린 참언의 진위를 밝혔을 따름입니다."

하루는 송신종과 심계장이 역대의 제왕군신을 두고 한담하였다. 송신종이 심계장에게 물었다.

"애경은 한무제가 장생불로의 방법을 익힌 것이 무슨 목적인지 아시오? 기실 그는 죽음이 두려웠던 것이오. 그리고 영원히 황제의 부귀영화를 누릴 욕심이었소. 이 때문에 그는 말년에 황당한 일을 적지 않게 저지른 것이 아니겠소. 그 결과 자신의 일가와 후손들이 재앙을 입었고 하마터면 국가와 종사를 망칠 뻔한 것이 아니겠소. 군주가 자신의 황위를 영원히 지키려 함으로써 그 재앙이 이만큼 크거늘 신하들이 만약 그 자리를 계속 유지하려 한다면 그 가문에 미치는 재앙은 더 엄중할 것이오. 과인은 천하의 선비들 중에 작위와 봉록을 굴러가는 말똥처럼 보는 사람이 가면 갈수록 적어지는 것이 근심되오."

황제의 말을 다 듣고 난 심계장이 입을 열었다.

"선비들이 관직과 봉록을 하찮게 보는 것은 그 자신에게는 혹시 바람직하다고도 볼 수 있사옵니다. 그러나 나라를 놓고 볼 때 그것은 결코 복이 아니옵니다. 가령 황제 폐하께서 덕(德)을 고양하고 도(道)를 중히 여길 때 선비들은 관직과 봉록을 얻지 못하는 것을 치욕으로 생각할 것이옵니다. 그러니 어찌 관록을 홀시할 수 있사옵니까? 그러나 진언서를 올렸는데 황제의 뜻과 다르거나 황제에게 진언을 하였건만 황제가 이를 받아들이지 않았을 때 선비들은 관직을 버리고 은둔하는 경향이 있사옵니다. 이것이 사실 고관후록(高官厚祿)을 하찮게 보는 것이옵니다."

심계장의 말을 듣고 난 신종은 연신 고개를 끄덕였다.

"그렇군, 애경의 말에 일리가 있군!"

공개적으로 관직을 구함은 떳떳한 행위이다

송진종(宋眞宗) 때 병주지주(幷州知州)의 자리가 비어 있었다. 송진종이 보좌관들을 불러 마땅한 사람을 고르도록 하였다.

"적임자는 장제현이나 온중서(溫仲舒) 같은 대신들인데 그들은 중추 기관의 관직에 있으므로 지방직으로 내려가지 않으려 할 거네. 하여튼 자네들은 우선 그들 두 사람의 의견을 들어 보게. 그다음 다시 논의하도록 하지."

곧이어 장제현·온중서가 중서청에 불려 갔다. 장제현은 지방직으로 내려갔다가 공연히 당찮은 참소를 받고 피해를 볼 것이 두려워 굳이 사절하였다. 그러나 온중서는 그와 반대였다.

"저에게 그곳으로 부임시키려는 뜻이 있으시다면 저는 감히 거역하지 않겠습니다. 다만 두 가지 요구가 있습니다. 저는 상서성(尙書省)에서 이미 10여 년이나 일을 해 왔습니다. 저를 상서령(尙書令)으로 진급시키고 또 적당히 경제적으로 보상해 주신다면 부임

하겠습니다."

보정대신(輔政大臣)이 황제에게 온중서의 말을 그대로 전달하였
다. 송진종은 잠시 말없이 침묵하고 있다가 말했다.

"그들 두 사람은 모두 지방 부임을 달갑지 않게 생각하는군 그
래. 그러니 그들은 그만두도록 하게!"

왕우칭은 원래 한림학사(翰林學士)로 있다가 형부랑중(刑部郎中)
에 발탁되어 황주지주(黃州知州)를 겸하고 있었다. 그가 아들 왕가
우(王嘉佑)를 시켜 중서문하성(中書門下省)에 상주문을 올리게 했다.

조정에서 관리를 임용할 때면 승진이든 강등이든 모두 예의(禮
儀)에 맞아야 합니다. 관리를 잘못 임명하는 것은 조정의 잘못입
니다. 저는 한동안 한림학사로 있다가 세 차례나 제고사인(制誥
舍人, 소서를 작성하는 관직)으로 있었습니다.

본 조정의 관례에 따르면 저는 지금 마땅히 급사중(給事中)이나
중서시랑(中書侍郎)이 아니면 간의대부(諫議大夫)여야 합니다.
그런데 저에 대해서는 그 관례를 지키지 않고 저를 제외하였습
니다. 저는 여태껏 한 급도 진급하지 못했습니다. 집정하는 사람
이 공정하게 인사를 처리하지 않으면 사람들은 누구를 믿고 공

평함을 주장하겠습니까!

왕우칭은 정직한 명신인데 불공평한 대우를 받고 이를 조정에 반영하여 도리를 따져 승진시켜 줄 것을 완곡히 제기하였다.

이들이 이처럼 할 수 있었던 것은 모두 성실하고 정직했기 때문이었다. 그들의 말은 절대 허위가 아니었다. 그러나 후세 사람들은 너무 허위적이고, 표면상으로는 명리를 탐내지 않는다고 하면서도 속으로는 입신양명을 노리며 인간성을 벗어난 일을 서슴없이 저지르는 사람들이 적지 않다.

이 모든 것은 지금 사람들의 마음이 옛사람들과 달라서 국가의 기강이 흐트러졌고 사회의 풍조가 날마다 퇴조하고 있기 때문이다.

신선 노름에 화가 닥치는 줄도 모르다

북송(北宋) 철종(哲宗) 원부년(元符年) 때 조정에서는 치열한 논쟁이 일어났다. 이때 최덕부(崔德符)란 한 관리가 상주를 올렸다. 그런데 그의 상주가 재상의 비위를 건드렸다. 재상은 그를 사당(邪黨)이란 죄명을 씌워 외지로 추방시켰다.

최덕부는 송휘종(宋徽宗) 때 새로 발탁되어 서경(西京) 낙양(洛陽)에서 쌀농사를 관장하는 자그마한 관직을 얻었다. 어느 해 겨울 최덕부가 회절원(會節園)에서 손님을 배웅한 뒤 그곳에 만발한 매화의 향기를 만끽하며 깊은 감상에 잠겼다.

이듬해 조정에서는 회절원을 서경 황궁에 귀속시키기로 하고 서경 황궁을 수선하기 시작하였다. 그때 회절원을 경화어원(景華御園)으로 개명하고 일반 사람들은 그곳을 드나들지 못하게 하였다. 당시 서경 궁궐 수선의 총책임자는 환관 용좌(容佐)였다.

최덕부는 용좌를 한 번도 찾아가 보지 않았으며 회절원이 경화어원으로 바뀐지도 몰랐다. 그는 다만 지난겨울에 그곳에서 매화꽃을 감상하던 일이 생각나 늦봄 때 또 그곳을 찾았다. 늙고 비쩍 마른 말을 타고 천천히 그곳에 도착한 그는 꽃잎이 다 져 버린 매화 앞에 멈췄다. 지난겨울 손님을 배웅할 때의 정경이 떠오르며 시심이 솟아올랐다. 말에서 내린 그는 매화꽃나무 아래에 자리를 잡고 시 한 수를 지었다.

지난겨울 만발했던

흰 꽃은 어디 가고

녹음 짙은 가지엔

열매만 달려 있네

발길 멈춰 쉬어 갈제

떠오르는 그날의 영상

고개 숙여 생각하니

저으기 슬프기 그지없도다

정다운 옛사람은

어이하여 안 보이고

화창한 봄날이

나를 불러 저물었네

꽃나무를 돌고 돌며

옛 발자욱 찾았건만

예쁘장한 꽃들만

빈 들에 한창일세

시를 다 지은 최덕부는 길게 탄식을 하며 말에 올랐다. 그때 최덕부는 늙은 말이 그곳에다 똥을 눈 것을 알지 못했다.

공교롭게도 그다음 날 용좌도 경화어원에 가서 춘색을 감상했다. 그러던 중 우연히 말똥을 발견하였다. 그는 기분이 대단히 언짢았다. 어화원에 함부로 말똥을 누게 하다니, 이건 분명히 황실에 대한 모독이다. 또 자기 얼굴에 먹칠을 하자는 의도에서 누군가가 고의로 한 짓이라고 생각했다.

그리하여 용좌는 뒷조사를 하게 했다. 그러자 그 말의 주인이 다름 아닌 최덕부라는 사실을 알게 됐다. 용좌는 배알이 더 뒤틀렸다.

'황제의 측근으로 낙양으로 내려와 황궁 수선을 맡고 있는데 이 녀석은 와서 인사도 올리지 않았다. 아주 괘씸한 녀석이야! 낙양 안팎의 대소관원들 중 그 누가 나에게 잘 보이려 하지 않았는가. 이 녀석을 한번 혼내 주어야겠군. 그대로 두었다간 큰일이 날지도 몰라.'

이렇게 생각한 용좌는 상주를 올려 함부로 어화원에 들어와 어화원을 어지럽혔다는 죄명으로 최덕부를 탄핵하였다.

조정에서는 내막을 자세히 알지도 못 한 채 용좌의 탄핵서에 따라 최덕부를 파면시키라는 명령을 내렸다.

최덕부의 집은 원래 가난했는데 파면까지 당하자 연명하기가 더 어려워졌다. 그는 호구지책(糊口之策)으로 그곳의 사대부 집을 전전하며 밥을 얻어먹어야 할 지경이었다.

최덕부는 송흠종(宋欽宗) 정강년(靖康年) 때 죽었다. 그가 미천한 말단 관리여서 그의 전(傳)을 쓸 수는 없을지 모르지만 그의 일생을 자세히 조사한 내가 이렇게 그의 일을 적는 바이다.

간신에게 인사권을 주니 벼슬자리가 우습구나

진정한 인재를 골라 선택하는 일은 한 국가의 안정과 발전에 있어서 아주 중요한 일이다. 따라서 역대의 명군들은 일정한 순서에 따라 인재를 살펴 자세히 고찰한 뒤 다시 일정한 순서에 따라 관리를 선별하도록 법적 장치를 세워 놓았다. 하지만 간신들이 득세할 때는 나라의 관리 선발 법규가 무시당하게 된다. 간신들은 관리 선별권을 자기의 특권으로 삼고 이단 세력을 배척하고 사당(私黨)을 결성하는 중요 수단으로 삼았다.

과거 악명이 가장 높은 간신은 당현종(唐玄宗) 때의 양국충(楊國忠)이다. 양국충은 사촌 여동생 양귀비(楊貴妃)의 세력을 등에 업고 조정의 대권을 장악하여 인사권을 마음대로 주물렀다. 그는 우승상(右丞相)에 이부상서(吏部尙書)를 겸하여 당시 관리의 선발권을 쥐고 흔들었다. 양국충은 원래 이부에서 관리를 선발하고 등용하던 모든 제도를 다 폐지시켰다. 그는 아예 관직에 맘이 있는 사람들을 자기 집으로 소집해 놓고 인상에 따라 되는 대로 관직을 수여하였다.

그렇다고 그가 전혀 터무니없이 행한 것만은 아니었다. 그가 관리를 선별하여 임명할 때면 문하시중(門下侍中)과 급사중(給事中)과 이부시랑(吏部侍郎) 등 세 사람을 불러 자리를 꼭 함께하였다. 그리고 이는 상기 세 사람이 관리 임명 과정에 꼭 참여해야만 했던 사람들이기에 아예 한꺼번에 그들을 한자리에 모이게 했던 것이다. 이렇게 유명무실한 형식이라도 갖추어 조정 상하의 눈을 피했다.

송조(宋朝) 휘종(徽宗) 때의 채경(蔡京)은 전권을 휘두르는 모양이 양국충보다 더 한심했다. 그는 양국충이 겉치레로 했던 그런 형식마저 무시해 버렸다. 그는 아예 혼자서 생각나는 대로 관리를 임명했다.

휘종 정화년(靖和年) 때 채경은 태사(太師)로 있으면서 삼성(三省, 중서성·문하성·상서성 등 중앙 최고 행정 기관)을 관장하였다. 그는 관청에 나가지 않고 자기 집에서 국정을 보기도 했다.

한번은 채경의 동생 채변(蔡卞, 황제를 시중드는 경영관이었다)이 오열(吳悅)이란 친척을 데리고 채경의 태사부(太師府)를 찾았다. 그들 세 사람은 휴식실에서 담론하였다. 휴식실에는 큰 책상이 한 개 놓여 있었고 책상 위에는 세 치쯤 되는 깨끗하고 하얀 화선지가 수십 장 쌓여 있었다. 화선지 옆에는 먹과 붓들이 몇 개 놓여 있었다.

채변이 형님 채경에게 말했다.

"상주(尚州)에 학식이 많은 서당 선생이 한 분 있습니다. 그런데 그의 관직이 너무 미천합니다. 과거에 급제하여 서당 선생으로 있으면서 관급이 조봉랑(朝奉郞, 송조 때의 정6품 문관 계급)에 이르렀지만 관직은 그대로 서당 선생일 뿐입니다."

채경은 지그시 두 눈을 감고 채변에게 물었다.

"동생 생각에는 그한테 무슨 관직이 마땅한가?"

"그에게는 한 지역의 교육을 일괄해서 관리하는 제거학사사(提擧學事司) 자리가 마땅하다고 봅니다."

동생 채변의 말이 끝나기가 무섭게 채경은 붓을 들어 화선지 한 장을 폈다. 그러고는 채변이 추천하는 사람의 이름을 쓰고 그 아래 '제학거사'라는 글을 썼다. 그러나 지역명은 쓰지 않았다.

채경이 채변에게 물었다.

"동생 생각에는 그 사람을 어느 지역으로 파견하면 좋겠나?"

"그 사람의 집은 아주 가난합니다. 그러니 봉록이 많은 지역으로 파견하는 것이 좋겠습니다."

채경은 그 즉시 '하북서로(河北西路)'라고 쓴 후 늙은 병사를 시

166

켜 임명서를 가져가게 했다.

잠시 후 사병 하나가 들어와 편지와 함께 잘 만든 자색함을 채경에게 바쳤다. 채경이 편지를 꺼내 보았다. 복건로(福建路) 전운판관(轉運判官) 직룡도각(直龍圖閣) 정가(鄭可)가 보내 온 당시로서는 보기 드문 고급 차였다. 차를 좋아하는 채경의 마음이 아주 흡족했다. 그는 그 즉시 정가의 편지에 '전운부사(轉運副使)'란 네 글자를 써서 금방 들어온 사병에게 주었다. 정가는 순식간에 '전운판관'에서 '전운부사'로 훌쩍 뛰어올랐다.

정가의 임명이 끝난 다음에야 채변은 찾아온 용건을 말했다.

"이분은 오열이라 부릅니다. 사간관(司諫官) 안중(安中)의 아들이지요. 아주 재능이 있고 주견(主見)이 있는 분입니다. 이분은 또 왕봉원(王逢原)의 외손자이기도 합니다. 그리고 서왕(舒王, 왕안석) 부인과 혼친(婚親) 관계도 있습니다. 이분의 모친이 지금 연로하시어 다병하시니 주변에서 보살펴 줄 사람이 있어야 합니다. 그래서 이분이 경성에서 일했으면 합니다만."

채경이 오열에게 물었다.

"음, 그래 어디 봐 둔 자리는 있는 건가?"

"네. 제가 알아본즉 타투국(打套局)에 빈자리가 있습니다."

타투국이란 모든 지방 특산물과 수렵·어업 및 해외 무역을 관리하는 부서였다. 이 부서는 경제적으로 씀씀이가 컸기 때문에 누구나 탐내는 부서였다.

동생 채변의 말을 듣고 난 채경은 화선지를 꺼내 붓을 들고 몇 글자를 끄적거리더니 근측에게 건넸다. 그리고 오열에게 눈짓을 했다. 이미 소원대로 처분했으니 자리를 떠나도 좋다는 뜻이었다.

채부(蔡府)를 나온 오열은 그길로 이종 누님의 집으로 갔다. 그의 이종 자형 설앙(薛昻)은 문하시랑(門下侍郞)이었다. 오열은 이번에 상경하여 설앙의 집에 묵고 있었던 것이다. 설앙이 퇴근 후 귀가하자 오열은 그날 자신의 진급이 얼마나 순조로웠고 채경이 관리 임명(任命)을 얼마나 빠르게 처리하는지 쭉 이야기하였다. 그러자 설앙은 별것 아니라는 식으로 말했다.

"금방 자네가 말한 그 건은 이미 조정에서 서황(書黃)되었네."

서황이란 황제의 어명으로 이미 하달되어 집행되었다는 말이다. 오열은 관직의 임명이 이렇게 신속할 줄은 정말 몰랐다.

이 일을 알게 된 나도 깜짝 놀랐다. 나는 지금까지 양국충이 천하에서 가장 해괴한 행동을 하는 인간이라 생각했는데, 알고 보니 채경은 그보다 한 수 위였던 것이다. 양국충이 올챙이라고 하면 채경은 개구리라고 할 수 있겠다.

평가는 좋지만 정말 그러한지는 직접 경험해 봐야 안다

장상영(張商英)이 북송(北宋) 말년에 재상으로 발탁되었다. 전하는 말에 따르면 그의 성품은 정직하고 당시 인기도 퍽 좋았다고 한다. 그가 죽은 뒤 황제가 그에게 '문충(文忠)'이란 시호를 내릴 정도였다. 그렇지만 장상영이 정말로 현명하고 덕망이 있는 인물이었는지 그 진위에 대하여 아는 사람은 많지 않다.

장상영은 휘종 대관년(大觀年)과 정화년(政和年) 때 재상으로 있었다. 그때는 채경이 막 파면당한 직후였다. 사람들은 채경을 산 채로 씹어 죽이지 못하는 것을 원통해했을 정도였다. 때문에 그가 재상이 된 후 채경 때의 폐단을 조금만 시정해도 조정에서 좋은 호응을 받았다. 이렇게 하여 국가 대사가 조금씩 제자리를 잡아 가게 되었고 그의 명성 또한 높아졌다. 흠종(欽宗)이 등극한 뒤로 그는 사마광(司馬光)·범중엄과 함께 현사(賢士)의 대열에 들었다. 그리하여 그의 명성과 인기는 더욱 높아졌다.

한번은 내가 그의 일생을 상세히 고찰해 본 적이 있었다. 그 결과 그는 기실 겉으로는 충성한 척했지만 내심은 간교한 사람이었다. 그의 외손자 하기(何麒)가 쓴《가전(家傳)》에는 이런 대목이 있다.

희녕(熙寧) 때 어사(御史)를 지냈는데 당시의 시류에 잘 따르지를 못했다. 원우(元佑) 때는 조정 대신으로 있었는데 역시 시류에 따르지 못해 밀려났다. 소성(紹聖) 때 간관으로 있었지만 역시 시류에 밀려났다. 숭녕(崇寧) 때도 감찰어사(監察御使)로 있었지만 역시 시류에 밀려났다. 대관(大觀) 때 재상이 되어 정화년(政和年)에 와서 또 시류에서 밀려났다.

그의 외손자도 장상영을 이와 같이 묘사했을 정도이다. 사람들은 그가 대쪽같이 바른 사람이어서 시류에서 밀려났다고도 하지만 사실은 다음과 같다.

장상영이 어사(御史)로 있을 때 안전 처리를 잘못하여 문책을 받은 적이 있다. 그러나 그는 상급자의 문책에 불복하였다. 그때 마침 박주(博州)의 한 감옥에서 탈옥 사건이 일어났다. 장상영은 아무런 근거도 없이 추밀원(樞密院) 검상관(檢詳官) 유세봉(劉世奉)이 아래 사람과 내통하여 고의로 범인을 내보냈다는 말을 퍼뜨렸다. 문언박(文彦博) 등 추밀원 관리들이 그의 이러한 행동에 분을 참지 못해 황제에게 사직서를 바쳤다. 장상영은 이 일로 인해 파면(罷免)당하고 말았다.

또 그가 간관으로 있을 때 내시 진연(陳衍)을 모함하였다. 그를 모함한 것은 선인황태후(宣仁皇太后) 고씨(高氏)를 공격하기 위함이었다. 그는 황태후를 여후와 측천무후에 비유하였다. 그는 또 사마광(司馬光)과 여공저(呂公著)의 시호를 취소하고 그 두 사람의 묘비를 부숴 버리고 사당을 허물어야 한다는 진언서를 올린 일도 있었다.

그뿐만이 아니다. 그는 문언박(文彦博)이 망극한 황은에 보답할 줄 모른다고 하며 여대방(呂大防)이 집정 때 선왕(先王)과 대신의 위망을 헐뜯었다고 질책하였다. 여혜경(呂惠卿)이 선인황태후를 비방했지만 그는 오히려 그들을 변호해 주었다.

훗날 장상영은 영창(潁昌)의 토호 개점(蓋漸)과 결탁하였다가 그만 파면당하고 말았다. 원부말년(元符末年)에 다시 중서사인(中書舍人)에 등용되었을 때, 그는 원우(元祐) 때의 현신들을 또 모함하였다. 원우 7~8년 때 그들이 붕당 20여 명을 등용했다는 내용이었다. 그는 몇 번 파면당한 그 화풀이를 붕당이란 빌미로 그들에게 죄명을 덮어씌웠던 것이다. 장상영은 그 뒤 재상이 되었으나 방사(方士) 곽천신(郭天信)과 왕래가 밀접했던 관계로 다시 파면당했다.

이상과 같이 장상영은 한평생 간교하기 짝이 없는 행동만을 일삼았다. 그는 자신의 사리만을 도모하여 되는대로 다른 사람을 모함했고, 국정도 사리에 맞지 않게 처리하였다. 이런 장상영이 충직하다는 미명을 얻을 수 있었던 것은 그가 재상으로 임명되기 전에 재상으로 있었던 채경이 너무나도 민심을 잃었기 때문이다. 그들 둘은 모두 장순(章惇)의 수하 문객이었다. 그들이 벼슬길에 오른 길도 서로 같았다. 채경이 재상으로 있을 때 관직의 임명서는 모두 장상영이 작성하였다. 이런 인맥이 있었기에 그가 집정 대신까지 될 수 있었던 것이다.

간웅은 현인(賢人)을 꺼린다

자고이래로 간교한 영웅들은 출셋길이 잘 열리면 대개가 다른 심보를 갖게 되는데, 그중 하나가 황제가 되려는 꿍꿍이속을 갖기 일쑤라는 것이다. 그들은 자신의 음모를 실현하기 위해 장애가 되는 재능 있는 현인들을 눈엣가시처럼 여기게 마련이다. 그래서 간웅들은 '내가 천하 사람을 저버릴 수는 있어도 천하 사람이 나를 버리는 것은 용서할 수 없다'라는 마음을 갖게 된다.

예를 들면 동한(東漢) 시기 동탁(董卓)이 전권을 휘두를 때 현인 채옹(蔡邕), 조조(曹操)가 전권을 휘두를 때의 공융(孔融)·예형·양수(楊脩), 사마소(司馬昭)·사마사(司馬師)가 전권을 휘두를 때의 계강(嵇康)과 원적(阮籍), 서진(西晉) 시대 왕돈(王敦)이 전권을 휘두를 때의 온교(溫嶠), 동진(東晉) 시대 환온(桓溫)이 전권을 휘두를 때의 사안(謝安)·맹가(孟嘉) 등은 간사한 영웅들에 의해 버림받은 사람들이다.

채옹은 비록 동탁의 마수에 걸려들지는 않았지만 결국은 동탁에 의하여 피살되었다. 예형은 나체로 조조의 면전에서 질책한 죄로 유표(劉表)에게로 가게 됐고, 다시 유표로부터 성격이 포악한 강하태수(江夏太守)의 수하로 갔다가 결국 그에 의해 피살되었다.

조조는 공융의 온 가족을 멸족시킨 데 이어 양덕조(楊德祖)마저 살해했다. 사마씨 형제가 계강을 종로 네거리에서 참수하려 하자 그는 재앙을 피하기 위해 술주정뱅이로 위장해서 살아나기는 했지만, 사마사가 황위를 찬탈하려는 일에 동참하여 그를 추대하는 소위 '권진표(勸進表)'에 서명하고서야 간신히 죽음을 면할 수가 있었다.

온교는 아주 지혜롭게 왕돈과 모사 전봉(錢鳳) 간의 관계를 이간시켜 놓고 그 틈을 타서야 겨우 왕돈의 손아귀에서 벗어날 수 있었다. 그때 그가 처한 위험은 마치 범의 꼬리를 밟은 것이나 마찬가지였다.

환온 때의 사안이나 맹가의 처지도 위의 몇 사람보다 나을 바가 없었다. 사안은 성품이 정직하고 온화하며 학식이 풍부하여 환온도 그를 존경하지 않을 수 없었다. 사안이 있기 때문에 그는 황제 자리를 탈취할 엄두를 내지 못하였다. 하지만 사안은 언제나 세 치얼음장 위를 걷는 것과 같은 위험이 뒤따랐고, 생명을 위해선 대소사 모든 일에 참을 인(忍) 자를 앞세워야 했다.

맹가의 사람됨은 도량이 넓고 세상사에 담백했다. 당시 그의 명성이 가장 높았고 그 또한 사람들을 후덕스럽게 대해 주었다. 그가 환온부(桓溫府)에서 관리로 있을 때 정서참군(征西參軍)·종사중랑(從事中郎)·장사(長史) 등의 직책을 두루 역임했다. 그의 처사는 침착했고 언제나 매사를 신중히 하였다. 그는 경솔하게 환온과 한 무리가 되지 않았다. 그는 환온부에서 쉽사리 풀려날 것 같지 않자 자주 술로 마음을 달랬다.

어느 해인가 9월 9일(음력) 중양절(重陽節)에 환온이 용산(龍山)에 올라 주연을 베풀었다. 주거니 받거니 하는 동안 술이 서너 순배 돌며 분위기가 한창 무르익을 무렵이었다. 이때 갑자기 때 아닌 회오리바람이 불어와 맹가의 모자를 날려 버렸다. 그런데 맹가는 술이 거나하여 자기의 모자가 날아가 버린 것을 모르고 있었다. 환온은 맹가의 거동을 보고 누구도 맹가에게 모자에 대한 말을 못하게 하였다.

얼마 뒤 맹가가 일어나 뒤를 보러 나갔다. 그때 환온은 사람을 시켜 맹가의 모자를 주워 오게 하였다. 그리고 손성(孫盛)을 시켜 맹가를 조롱하는 글을 지어 맹가의 술상 앞에 갖다 놓았다. 제자리로 돌아온 맹가는 그제야 무슨 영문인지 알았고 자기를 조롱하는 글을 읽었다. 맹가는 그 글을 다 읽은 즉시 화답하는 글을 지었다. 그가 지은 글은 문체가 화려하고 매끈하여 여러 사람의 갈채를 받았다.

내가 보건대, 맹가가 자기의 모자가 벗겨져 날아간 것을 모를 리 없었을 것이라고 생각한다. 다만 그의 마음이 너무도 깊은 고민에 빠져 있었기에 그러한 일에 관계치 않았을 뿐이었다.

한번은 환온이 "한 사람에게 막강한 권세가 주어지면 그는 그 누구도 좌지우지할 수 있다"라고 말한 바 있다. 그의 내심을 잘 표달한 독백이었다. 맹가가 술에 탐닉하여 그의 빼어난 재능을 발휘하지 않았기에 겨우 목숨을 부지할 수는 있었지만, 그는 겨우 쉰한 살의 나이에 죽고 말았다. 고민에 빠져 나날을 술로 지내다 보니 단명할 수밖에 없었던 것이다. 도연명(陶淵明)이 바로 이 맹가의 외손자이다. 그도 '외조부의 길은 멀고 먼데 운수는 너무도 짧았다'라고 개탄을 금치 못했다.

176

눈 속에서 떠는 자에게 숯불을 가져다주다

이덕유(李德裕)는 당무종(唐武宗) 때의 재상이다. 선종(宣宗)이 등극한 뒤 당쟁에 말려들어 재상직을 파면당하고 대중(大中) 원년(元年, 847년)에 조주사마(潮州司馬)로 강등되었다. 이듬해에는 다시 애주(崖州) 사마참군(司馬參軍)으로 강등되어 내려갔다. 그때 이덕유의 외사촌 동생이 조정에서 시랑(侍郎)으로 있었다. 그는 관직의 편리함을 이용하여 애주로 내려간 사촌형에게 생필품 등을 많이 보내 주었다. 이에 이덕유가 그에게 감사 편지를 썼다.

하늘이 한 사람을 곤경에 빠뜨려 고생시키려고 한다면, 세인들은 그를 결코 가련하게 생각하지 않을 것이네. 가까운 친척일지라도 서신 왕래 하나 없고 아무런 관심이 없네. 하물며 평소 친절히 지냈던 친구나 벗들이야 더 말해 무엇 하겠는가? 동생은 인의도덕이 있고 또 옛 정분을 못 잊어 사람을 시켜 물건까지 보내 왔으니 정말로 고맙기 그지없네. 그래서 필을 들어 짧은 글로나마 감사의 뜻을 표하는 바이네.

나는 지금 망망대해의 외로운 섬에서 하루하루를 어렵게 보내고 있네. 나를 도와주는 사람도 없거니와 그동안 비축해 둔 것도 이제는 거의 바닥이 드러났네. 100여 명이나 되는 집안 식구들이 다 나만 쳐다보고 있다네. 아마도 내가 이 세상을 하직할 때는 아사귀(餓死鬼)가 될 것이네.

그것이 못내 마음을 저리게 하네. 10월 말에 병석에 누운 지 벌써 수여 일이 지났네. 이곳엔 약도 없고 의사도 없으니 나의 병은 하늘에 달려 있는 것 같네.

그리고 편지 뒤쪽에 날짜를 적어 놓았다. 그가 편지를 쓴 날짜는 '윤 11월 20일'이었다. 그리고 '외사촌 형님 애주사후참군(崖州司后參軍) 이덕유가 시랑(侍郎) 열아홉 번째 동생에게'라는 첨언이 쓰여 있었다.

이덕유가 말하는 윤 11월은 곧 대중(大中) 3년이다. 이때 그는 애주로 내려간 지 10개월밖에 안 되었다. 그런데 이 짧은 사이에 어제의 재상이 빈주먹만 남았고 질병에 시달려 겨우 목숨을 부지하고 있는 처지가 되었다. 《당서(唐書)》〈이덕유전(李德裕傳)〉에는

178

'강등된 이듬해에 죽었다'고 쓰어 있다. 그렇다면 그는 이 편지를 띄운 지 얼마 안 되어 이 세상을 하직한 것이다.

당시 조정에서 재상으로 있던 사람들은 모두 그의 경쟁자였다. 때문에 골육친척이나 평생 친근한 벗들은 누구도 감히 그에게 편지를 보내지 못했고 물품도 보내지 못했다. 다만 시랑으로 있던 그의 외사촌 동생만은 여러 번 사람을 보내 소식도 전했고 생필품도 가져다주었다. 그의 인의로운 마음은 범속한 사람들이 따를 수 없었다. 그러나 애석하게도 그의 이력을 알 수 없다. 이덕유의 이 편지는 훗날 궁중에 수장되어 있다가 비서각(秘書閣)에서 보관하였다. 지금도 도산당(道山堂)에 그 편지를 새긴 원서의 비문이 보존되어 있다.

송조(宋朝) 소흥년(紹興年) 때 간신 진회(秦檜)의 중상모략을 받은 조정(趙鼎)도 역시 애주(崖州)로 추방당했다. 당시 사대부들은 진회를 호랑이 대하듯 무서워했다. 그들 중 누구 한 사람도 감히 조정과 내왕하지 못했다. 그때 장연도(張淵道)가 광서(廣西)의 지방장관으로 부임하였다. 그는 진회의 눈치를 보지 않고 여러 번 사람을 보내어 편지와 생필품과 약품 등을 전해 주었다. 조정이 답신을 써서 감사를 표하였다. 편지에 이런 구절이 있다.

179

나는 평소에 정말로 사람들을 진심으로 맞아 주었는데 지금은
이 지경이 되었구려.

그가 편지에 서술한 어려움과 애달픔은 이덕유의 편지와 비슷
했다. 얼마 뒤 조정도 원한을 품은 채 숨졌다.

요숭(姚崇)의 증손자 요욱(姚勖)은 이덕유의 총애를 받은 이들
중 한 사람이다. 이덕유가 추방당하고 이씨의 당파를 제거하자 요
욱은 감히 이덕유를 찾아가 보지도 못 했다. 그러나 그 뒤 이덕유
가 애주로 추방당한 후에는 요욱이 수 차례 사람을 보내 이덕유에
게 필요한 물품들을 보내 주었다.

그는 시류의 부정함을 한탄하면서 자신의 인의를 굽히지 않았
던 것이다. 그도 이름 모를 그 시랑과 마찬가지로 한 사람이 가장
어려울 때 도움을 준 인의군자였다. 그들의 도움은 마치 눈 속에서
떠는 사람에게 숯불을 가져다준 것이나 다름없다.

폭정에는 폭력으로 대항하다

진조(秦朝) 말기 진승이 봉기를 일으켜 진조에 항거하였다. 오래전부터 관리의 폭압에 시달리던 사람들도 그에게 동조했다. 먼저 그들은 탐관오리들을 처단한 후 진승의 휘하에 집결하였다.

동진(東晉)의 사마안제(司馬安帝) 덕종(德宗) 때 손은(孫恩)이 대량의 인마를 집결시킨 후 동부 지역에서 반란을 일으켰다. 그들은 지나가는 곳마다 당지의 현령(縣令)을 살해하여 시체를 갈기갈기 찢어 버렸다. 그리고 사병들을 시켜 죽은 자의 시체를 그들의 아내와 자식들에게 강압적으로 먹였다. 먹지 않는 자가 있으면 그 자리에서 사지를 잘라 끊어 버렸다.

수양제(隋煬帝) 대업(大業) 말기 수나라의 통치를 반대한 봉기가 여기저기서 터져 나왔다. 그들은 관리나 귀족은 물론 그들의 자제

181

까지도 잡아들이는 대로 죽여 버렸다.

당조(唐朝) 말기 황소(黃巢)의 의병이 당조의 경성 장안(長安, 지금의 섬서성 서안시)을 점령하였다. 황소 수하의 병사들은 닥치는 대로 약탈했고 사람들을 죽였다. 황소의 병졸들이 죽인 사람들의 시체가 골목을 가득 채울 정도였다. 황소도 분노에 치를 떠는 수하 장병들의 행위를 막지 못했다. 그들은 관리란 관리는 잡는 족족 죽여 버렸던 것이다.

송휘종(宋徽宗) 선화년(宣和年) 때 방랍(方臘)이 송나라 동남부의 여러 주와 군을 점령하였다. 그들은 지나는 곳마다 그곳의 관리를 잡아 먼저 그 몸을 네 각으로 뜨고는 다시 오장육부를 꺼내어 기름에 튀겼다. 그렇지 않으면 시체에 천여 개의 화살을 쏘았다. 하여튼 그들이 원한을 풀 수 있는 모든 방법을 동원해 자신들을 폭정으로 압박한 관리들을 처단했다.

항주(杭州)의 사병 진통(陳通)이 봉기했을 때 그는 조정의 명관(命官)을 잡는 족족 목을 베어 시장에 내다 걸었다.

이상의 험악한 일이 발생되게 된 것은 탐욕스럽고 잔혹한 사람들이 관리가 되면서 권세를 믿고 백성들을 학대하고 못살게 굴었기 때문이었다. 백성들은 어느 때든 그 원한을 갚겠다고 속으로 벼르고 있던 중 마침 좋은 기회가 와서 노기와 증오를 한꺼번에 풀었던 것이다.

황제의 어명도 법에는 미치지 못한다

서한(西漢) 문제(文帝) 때 장석지(張釋之)가 정위(廷尉)로 되어 전국의 최고 사법 장관이 되었다. 한번은 한문제가 여러 신하들과 함께 거리로 나갔다. 종로 네거리를 지날 때 한 행인이 황제의 행렬 앞을 지나치다 그만 말을 놀라게 하였다. 놀란 말이 화닥닥 뛰는 바람에 황제가 가마에서 떨어질 뻔하였다. 문제는 화가 상투 끝까지 미쳐 어림군(御林軍)을 풀어 걸음아 날 살려라 하고 허둥지둥 도망치는 그 행인을 잡아오게 하였다. 그래도 성이 풀리지 아니한 문제가 어명을 내렸다.

"이 망나니를 정위(廷尉)에게 넘겨 사형에 처하도록 하라!"

장석지가 안건을 심사한 뒤, '법규에 의하면 그를 사형에 처할 수 없다'고 황제에게 보고하였다. 벌금이나 얼마쯤 부과하면 되는 정도의 죄라는 이유에서였다. 장석지의 보고를 듣고 난 문제가 책상을 탁 치자, 장석지가 황급히 그 사유를 해명하였다.

"폐하께서 노여움을 푸시고 잠시 소신의 얘기를 들어 주시옵소서. 그 행인이 말을 놀라게 했을 때 폐하께서 그 즉시 성지를 내리어 그 행인의 목을 잘랐다면 그것은 폐하의 권리입니다. 누구도 이의(異義)를 제기하지 못할 것이옵니다. 그러나 폐하께서 그 행인을 소신에게 넘겨 심리하게 하였사옵니다.

사정이 이렇게 되면 소신은 국가에서 제정한 법규에 따라 그의 죄를 판단하게 되옵니다. 그렇게 하지 않는다면 국가의 법규는 무슨 위엄이 있으며 무슨 쓸모가 있겠사옵니까? 바라옵건대 폐하께서 명찰(明察)하여 주옵소서."

장석지의 해명에 문제도 말문이 막혔다. 그 행인은 이렇게 해서 무사히 풀려날 수 있었다.

당조(唐朝) 덕종(德宗) 때 유혼(柳渾)이 재상으로 임명됐다. 하루는 덕종이 진귀하고 아름다운 옥(玉)을 얻게 되었다. 입이 귀에 걸릴 정도로 기분이 좋아진 덕종은 궁내 옥공(玉工)에게 명하여 그 옥을 허리띠에 끼어 달 수 있도록 하라는 명령을 내렸다.

그런데 옥공이 가공하던 중 그만 옥구슬 하나를 망가뜨려 버렸다. 옥공은 시장에 나가 비슷한 옥구슬을 사다 원래의 옥구슬을 대신했다. 이윽고 가공을 끝낸 옥공이 덕종에게 옥대를 바쳤다. 옥대

(玉帶)를 받은 덕종은 눈부시게 반짝이는 옥의 광채에 취해서 어쩔 줄 몰랐다. 그러다 갑자기 그중 하나의 옥빛이 다른 옥빛보다 흐릿한 것을 발견하고는 노발대발하며 옥공을 두들겨 팼다. 그래도 성이 풀리지 않은 덕종은 옥공을 경성 치안을 관할하는 경광부(京廣府)로 넘겨 사형에 처하라는 어명을 내렸다.

재상 유혼이 이 일을 전해 듣고는 즉시 황제에게 진언하였다.

"옥공이 옥구슬을 망가뜨렸을 때 폐하께서 즉시 그 옥공을 죽였다면 그 누구도 이의(異義)를 제기하지 못했을 것이옵니다. 하지만 폐하께서는 그렇게 하시지 않고 경광부에 넘겨 처리하도록 하였사옵니다. 경광부에서는 법규에 따라 재판하여야 하고 법규에 따르면 그를 사형에 처단할 수 없사옵니다.

황실의 기물을 파손시켰을 때는 곤장을 치도록 되어 있기 때문입니다. 바라옵건대 폐하께서는 법규에 따라 옥공을 처분하도록 인준하여 주시옵소서. 법규에 의하지 않고 옥공을 사형에 처하면 국가의 법규가 무슨 위엄이 있겠사옵니까? 폐하께서는 통찰하여 주시옵소서."

당덕종은 그의 진언을 막을 수 없어 옥공을 살려 주었다.

장석지와 유혼 두 현인은 억울한 일을 보고 지혜롭게 황제를 설득시켰다. 그러나 그들은 또 똑같이 만약 황제가 즉시 불쌍한 그 두 사람을 죽였다면 다른 할 말이 없다고 했다. 이렇게 되면 황제들이 함부로 사람을 죽여도 된다는 말인가? 그러기에 그들의 지혜로운 설득은 완전한 것은 아니라고 하겠다.

쓸데없는 큰소리로 일을 망치다

왕망(王莽)이 세운 신나라 말기, 진효는 군사를 일으켜 동한(東漢) 광무제(光武帝)의 중흥을 일으키는 데 큰 공을 세웠다. 동한 조정에서는 그를 서북 변경을 지키는 대신으로 임명하였다. 그러나 그는 야심이 큰 사람이었다. 그에겐 한나라를 뒤엎고 새로운 왕조를 세우려는 딴 생각이 있었다. 그의 부하로 있다가 훗날 동한의 복파장군(伏波將軍)이 된 마원(馬援)이 속으로 이해득실을 분석하면서 그의 밀모를 막았다. 진효가 우유부단하여 결론을 내리지 못할 때 수하 장군 왕원(王元)이 그에게 진언하였다.

 "지금 저희들이 차지하고 있는 천수군(天水郡, 지금의 감숙성 천수 지역)은 매우 부유한 고장입니다. 군량도 풍부하고 마필도 풍부합니다. 장군은 이 기회를 이용하여 진(秦)나라처럼 관중(關中) 일대를 변경으로 하고 대왕이 되어야 합니다. 대왕께서는 마음을 놓으십시오. 소장(小將)이 진흙 한 덩이로 함곡관(函谷關)을 꽉 막아 놓을 것입니다. 동한군이 절대로 함곡관을 넘어오지 못하게 할 자신이 있습니다."

진효는 그의 말을 믿고 한나라를 배반하고 반란을 일으켰다. 그러나 결과는 왕원이 큰소리를 친 것과 달랐다. 왕원은 동한군의 공격에 대패하였고, 진효는 금세 풍전등화의 처지에 몰리고 말았다. 황망히 쫓기던 진효는 며칠 끼니를 제대로 챙기지 못한 데다가 화병까지 도져 죽고 말았다. 그의 아들 진순(陳恂)도 적군에게 목이 잘리는 신세가 되었다. 그러나 왕원은 남은 잡병들을 이끌고 동한에 투항하였다.

수문제(隋文帝)가 북방을 통일한 뒤 진조(陳朝)를 치려고 장강 이북에 진을 치게 하였다. 이때 진후주(陳後主)의 도관상서(都官尚書) 공범(孔範)이 진후주에게 진언하였다.

"자고이래로 장강은 남북을 가르는 천혜의 요충지입니다. 그러니 적군이 날개가 없는 이상 장강을 날아 넘어올 수는 없사옵니다. 소신은 관직이 낮은 것이 영 마음에 차지 않습니다. 이제 소신을 파견하여 장강의 요충지를 지키도록 허락하여 주시옵소서. 만약 적군이 쳐들어오면 침공을 막아 대공을 세울 기회가 생길 것이옵니다. 그때면 소신이 적을 물리치고 태위(太尉)가 될 수도 있을 것입니다.”

그의 말이 그다지 틀리지 않다고 여긴 진후주는 수나라 군대의 공격에 방비하지 않았다. 그 결과 수군은 쉽사리 장강을 도강하여 진조를 멸망시켰다. 진후주는 망국군(亡國君)이 되어 낙양으로 끌려갔고 그곳에서 죽었다.

5대 10국 시대 남당(南唐) 원종(元宗)은 중원(中原)을 회복하고 대당의 기업을 다시 회복하려는 큰 포부가 있었다. 복건을 쉽사리 점령한 원종은 천하의 난리를 평정하고 할거한 여러 나라를 소멸하기란 어렵지 않다는 생각을 갖게 되었다. 그러나 실제로 남당(南唐)의 국력과 군사력은 주변 각국에 비해 미약했다. 또한 남당에는 훌륭한 장군이 없었다. 어느 날 대신 위잠(魏岑)이 주연에서 황제에게 술을 올리는 기회를 빌려 진언을 하였다.

“소신이 어렸을 때 위주(魏州) 원성(元城, 지금의 산동성 대명 일대)에 다녀온 바가 있사옵니다. 그곳의 풍경은 정말 절경이었습니다. 훗날 폐하께서 중원을 되찾게 되시면 소신을 그곳 위주(魏州)로 보내 주시옵소서.”

원종은 이 말을 듣고 기분이 좋아서 그의 요구를 들어주겠노라고 대답했다. 위잠은 황은이 망극하다며 절을 올리면서 감사를 표했다. 주변에서 그 말을 들은 다른 신료들은 위잠이 쓸데없는 소리로 황제의 환심을 사려 한다며 못마땅해 하였다.

5대 10국 시대 통주사(通奏使) 왕소원(王昭遠)도 쓸데없이 큰소리를 잘 쳤다. 송나라 대군이 촉국으로 쳐들어온다는 말을 듣고는 좌우의 빈객들을 돌아보며 또 큰소리를 쳤다.

"이놈들이 제 명을 재촉하러 오는군. 이 기회에 아예 중국을 통일해 버리세나! 그러면 다시는 시끄러운 일이 없을 걸세!"

그러나 결과는 그의 큰소리와는 정반대였다. 후촉은 두 달도 못되어 송군에 패해 멸망하였고 왕소원도 포로가 되고 말았다.

위의 네 신하들의 망언은 국가의 대사를 망치고 말았다. 그들이 큰소리를 땅땅 친 것은 황제의 환심을 사기 위함이지 결코 무슨 고견이나 실력이 있어서가 아니었다. 따라서 근거 없이 큰소리만 치는 사람들의 말은 삼가고 또 조심해야 한다.

전쟁의 이해득실이 다 같지 않다

북송(北宋) 진종(眞宗) 때 북방의 거란족(契丹族)이 강대한 요국(遼國)을 건립하고 자주 남침하였다. 요국은 마침내 황하 이북까지 세력을 뻗쳐 왔다. 진종 황제는 재상 구준(寇準)이 독촉하자 마지못해 직접 송군을 인솔하여 요군의 침략을 물리치러 나갔다. 그러자 송군의 사기가 일시에 올라갔다. 그는 단주(지금의 하남성 박양시)에서 요군의 공격을 여러 차례 물리쳤다.

그러던 중 단주 전투에서 요군의 대장 달람(撻覽)이 송군의 화살에 맞아 숨지고 말았다. 요군은 부득불 북쪽으로 퇴각하지 않을 수 없었다. 얼마 뒤 쌍방은 강화 조약을 맺고 우호 동맹을 약속했다. 역사에서는 이것을 '단연지맹'이라 한다. 그 뒤로부터는 쌍방이 조약을 지켜 변경이 무사하였다.

송인종(宋仁宗) 경력년(慶曆年) 때 송나라와 하(夏)나라 사이에 전쟁이 일어났다. 이때 요국은 쌍방이 전쟁에서 손실도 많고 국력도 많이 소비된 틈을 타서 사신을 송국에 보내었다. 요국의 사신은 후주(後周) 세종(世宗) 때 차지했던 관남(關南, 지금의 하북성 북부 지역)을 돌려 달라고 송나라에 요구하였다. 만약 그 땅을 돌려주지 않으면 무력으로라도 그 땅을 되찾겠다고 위협까지 하였다. 송국은 부필(富弼)을 요국에 보내어 이 문제를 해결토록 하였다.

부필이 요국에 도착한 후 요국 황제를 알현하였다. 서로 인사를 나눈 뒤 요국 황제가 화두를 뗐다.

"만약 당신네 송조가 북방 관남 땅을 돌려주지 않으면 우리 요국은 부득불 무력으로라도 그 땅을 다시 찾아야겠소."

요국 황제의 위협을 듣고 난 부필이 침착하고 태연자약하게 대답을 올렸다.

"외람된 말씀이옵니다만 대왕께서는 저의 말씀을 잘 들어 주십시오. 요국과 저희 송국이 우호 협정을 맺고 변경의 안정을 이룩했을 때 가장 큰 이득을 본 것은 대왕입니다. 그때 대신들은 별로 이득을 본 것이 없습니다. 그러나 만약 관남의 땅을 되찾게 된다면 큰 이득을 볼 사람은 대왕이 아니라 대신들입니다.

대왕께서는 이득을 못 볼 뿐만 아니라 오히려 화를 입게 될 것입니다. 요국의 신하들이 무력으로 그 땅을 탈환하자고 대왕을 설득시키는 이유가 바로 여기에 있습니다. 그들은 자신의 이득을 앞세운 것이지 국가의 이득을 앞세운 것이 아닙니다."

부필의 말을 들은 요국 황제는 뜻밖의 일이라고 반문하였다.

"듣고도 모를 말일세. 좀 자세히 얘기해 보시게!"

부필이 답하였다.

"진고조(晉高祖) 석경당은 위로는 하늘을 속이고 아래로는 군주를 배반하였습니다. 때문에 진조 말기에 와서 현명한 군주는 사라지고 현명치 못한 군주가 집정하게 되었습니다. 그러다 보니 진국의 국토는 점점 좁아졌고 국내에서는 도처에서 봉기가 일어났습니다. 그 까닭에 거란이 진국을 이긴 것입니다. 그러나 거란도 그때 많은 국력을 소비했고 군사와 군마도 많이 잃었습니다. 그러나 지금의 형편은 다릅니다. 송국은 만 리의 변경을 가진 대국입니다. 그리고 정병(精兵)만 해도 백만이 넘습니다. 송국의 법규는 엄격하고 국내 상하는 일심으로 단결되어 있습니다. 가령 요국이 군사를 일으켜 남하한다 하더라도 필승한다는 보장은 없습니다. 설사 요국이 승리하였다 합시다. 그러나 전쟁에서 죽은 군사와 군마는 대왕의 손실입니까, 아니면 신하들의 손실입니까? 가령 요국과 송국이 전쟁을 하지 않고 이전과 같이 우호 친선을 약속한다면 송국에서 해마다 요국에 바치는 그 많은 공물은 모두 대왕의 몫입니다.

대신 신하들에게는 별로 실리가 없게 되는 것입니다."

부필의 말을 듣고 난 요국 황제는 고개를 끄덕였다. 양국은 교섭 끝에 송국에서 해마다 바치는 공물을 얼마쯤 더 증가하는 것으로 협약을 맺었다.

상기 부필의 설득은 기실 부필의 독창(獨創)적인 묘책은 아니었다. 당시 부필의 어록이 사방에 널리 퍼졌는데 하루는 소순(蘇詢)이 이 단락을 읽고는 아들 소식(蘇軾)에게 물었다.

"부필의 이 생각은 옛날에 누군가가 했던 말이 아니냐?"

그때 소식은 아직 열 살도 안 되는 어린애였는데 부친의 물음에 즉시 대답하였다.

"엄안(嚴安)의 상서에 이런 구절이 있습니다. '지금 남쪽 오랑캐를 굴복시켜 예주(薉州)를 점령하였고 각 곳에 성읍(城邑)을 건립하고 있사옵니다. 북쪽으로는 흉노(匈奴) 지역까지 깊이 들어가 용성(龍城)을 불태웠사옵니다. 사람들은 그것이 국위를 선양한 것이라며 칭찬합니다만 이것은 기실 신하들만 이득을 얻게 될 뿐이옵니다. 변경의 안정과 국가의 번영에는 아무런 도움이 없사옵니다.' 엄안의 이 말이 부필의 그 말과 비슷한 것으로 알고 있습니다."

소순은 아들이 대견해서 연신 고개를 끄덕였다.

"그래, 네 말이 옳다."

산속에 묻혀 홀로 독서하며 수신(修身)에 힘쓰다

옛날의 많은 선비 사대부들은 산속에 묻혀 홀로 독서하며 수신(修身)하는 것으로 독선(獨善)의 경지에 이르렀다. 그들은 남들이 알아줄 것도 바라지 않았고 남들이 이해해 줄 것도 바라지 않았다. 사실 세인들은 그들을 잘 알지도 못 했으며 제대로 이해하지도 못했다. 나는 때로 이런 은사(隱士)들을 만나 보았고 또는 그들에 대한 이야기도 들었다. 그때마다 나는 그들의 전기를 쓴 사람이 없음을 마냥 애석하게 생각했다. 그 뒤 상우(上虞, 지금의 절강성 상우 동쪽)의 이맹전(李孟傳)이 4가지 이야기를 써서 나에게 보여 주었다. 이제 그때 읽었던 이야기를 여기에 적는다.

  첫 번째 이야기는 자계(慈溪, 지금의 절강성 자계현)에 있는 장계왕(蔣季旺)의 이야기다.
  송휘종(宋徽宗) 선화년(宣和年) 때의 일이다. 왕안석(王安石)의 학설을 달갑지 않게 여긴 장계왕은 일체의 출세하려던 마음을 버렸다. 그는 과거시험에도 나가지 않고 홀로 경서를 고독(苦讀)하였으며 남들과 별로 사귀지도 않았다. 다만 명주(明州, 지금의 절강성 녕파시)에 살고 있는 고억숭(高抑崇)만이 해마다 네댓 번 그를 찾아와 담론하였다. 고억숭이 왔다는 말이 들리면 장계왕은 문밖으로 뛰어나가 그를 맞이하였다.

때로는 황급한 김에 신을 바꿔 신을 때도 있었다. 그들은 작은 옆방에서 무릎을 맞대고 긴 이야기를 나누었다. 때로는 식사하는 것도 잊고 밤을 새우기도 했다. 고억숭이 떠날 때면 장계왕은 꼭 몇 리 밖까지 배웅했다. 벗을 보내고 돌아설 때는 쓸쓸한 감을 감추지 못했다. 장계왕과 고억숭은 그야말로 막역지우(莫逆之友)라고 하겠다. 이러한 고억숭의 행동을 이해하지 못한 사람들이 그에게 물었다.

"장계왕은 남들과 내왕도 별로 안 하지 않습니까? 그런데 유독 선생한테는 왜 그렇게 공경하게 대해 주는 것이지요? 그리고 선생도 괴팍한 장계왕을 무엇 때문에 좋아합니까?"

고억숭이 이 말에 대답하였다.

"나도 독서를 즐기는 사람이 아닙니까? 독서하는 중에 의문 나는 점을 풀지 못할 때면 그것들을 하나둘 모아 놓습니다. 그래서

197

한 여남은 문제가 모이게 되면 그분을 찾아뵙고 가르침을 받습니다. 그 많은 난제도 한 번만 그분을 찾아뵈면 정답과 해명을 다 받을 수 있지요."

장계왕의 자질과 학식을 남들은 모르고 있었지만 고억승만은 잘 알고 있었던 것이다. 소위 '지기(知己)'란 이런 것을 두고 한 말이 아닐까 한다.

두 번째 이야기는 명주 심산 속에 살고 있는 왕무강(王茂剛)의 이야기이다. 그의 수하 제자 중 한 사람이 독서를 싫어했다. 그 제자는 자진해서 스승의 일상생활을 보살피는 일을 맡았다. 이렇게 먹을 것에 근심이 없게 되니 왕무강은 거의 하산하지 않고 심산 속에 은둔하여 전문적으로 《주역(周易)》을 연구했다.

명주통판(明州通判) 심환(沈煥)이 왕무강을 예방하였다. 심환은 왕무강과의 대담을 통해 그의 독보적인 관점이 이미 책에 밝혀져 있는 주석보다도 더 사리에 합당한 것이라고 생각했다. 하지만 왕무강은 교만하지도 자만하지도 않은 채 열심히 학문 연구를 게을리하지 않았다.

세 번째 이야기는 원적(原籍)을 알 수 없는 은사(隱士) 고주박의 이야기이다. 그는 송조(宋朝) 때 남하하여 자계에 정착했다. 고주박은 성격이 곧고 고지식하여 아주 청빈한 생활을 감내하면서 일심으로 학문만을 닦았다. 그는 이전부터 남들의 도움은 구걸하지 않았다. 그는 남들이 이해하든 말든 학문만을 닦으면서 생활을 조리 있게 꾸려 나갔다. 아침이면 제때에 일어나 문밖에 기대서서 야채 장수를 기다렸다. 그러다 야채 장수가 오면 값을 묻고 부르는 대로 값을 주고는 야채를 샀다.

다른 모든 일상 생필품도 이런 식으로 샀다. 그러면서 시간이 흐르자 점차 장사꾼들도 그를 신뢰하게 되었고 그를 속이려고 하지 않았다. 하루 쓸 물건들이 다 장만되면 그는 문을 안쪽으로 닫아걸고 경전을 읽었다. 그러면서 독서 시간에는 아무도 만나지 않았다.

사람들은 상대방이 자신의 말을 들어주지 않을 때면 "그래, 너도 고주박 같은 사람이야."라고 일축했다고 한다.

네 번째 이야기는 신주(信州) 영풍현(永豊縣, 지금의 강서성 광풍)에 살고 있는 주일장(周日章)의 이야기이다. 그는 수신(修身)에 주의하고 성격이 정직하여 영풍현 사람들의 존경을 받았다. 그는 서당을 차려 제자들에게 글을 가르쳐 주었다. 그의 수입은 겨우 집 식구들이 입에 풀칠할 정도였지만 그는 불의한 재물에는 눈길도 돌리지 않았다. 때로 그의 집은 먹을 것이 없어 식사를 거르기도 했다. 이

럴 때면 맘씨 고운 옆집에서 다소나마 먹을 것을 가져다주곤 하였다. 겨울철 추운 날씨에는 솜옷이 없어 추위를 막고자 종이로 옷을 만들어 입기도 했다. 만약 손님이 찾아와도 그는 아무런 부끄러움을 느끼지 않고 손님을 맞이했다. 그의 강고한 의지를 옆에서 직접 느끼며 그의 풍부한 담론을 들은 사람들 중에서는 그에게 탄복하지 않은 사람이 없었다.

영풍현의 현위(縣尉) 사생(謝生)이 그에게 옷 한 벌을 보냈다.

"선생님은 저에게 무엇을 도와 달라는 말이 없었습니다만 선생님을 사모하는 저의 마음을 표달하기 위한 것이니 기꺼이 받아 주십시오."

주일장은 얼굴에 미소를 띠며 대답했다.

"아니오, 나에게 한 벌 옷이란 만 냥의 봉록이나 마찬가지입니다. 아무런 이유도 없이 이 옷을 받는다면 그것은 예의에 어긋나는 일입니다."

그는 끝내 현위가 준 옷을 받지 않았다.

이상의 네 은사(隱士)의 사적은 반드시 사책(史册)에 기록해야 마땅하다고 본다.

왕조는 쇠퇴했어도 법도는 살아 있다

오대(五代) 후주(後周)의 세종(世宗)은 전국을 통일하려는 마음에 언제나 조급했다. 그는 후촉(後蜀)과 교전하여 맞붙어 싸우고 있으면서도 남당(南唐)을 토벌한다는 공문을 반포했다. 그는 후주 백여 개 주군(州郡)의 병력을 총동원하여 남당을 향해 공격을 개시했다.

주세종이 이 시기 남당을 공격한 것은 사실 주나라 군에 유리했다. 주태조(周太祖) 곽위(郭威)와 세종 두 세대에 걸쳐 진행한 개혁이 효과를 보기 시작하여 국력이 강성해졌고 국세가 전성기에 접어들었기 때문이다. 이때 남당(南唐)은 이경(李景)의 통치하에 정치가 혼란에 빠져 있었다. 때문에 후주가 남당을 멸망시키는 것은 그다지 어려운 일이 아니었다.

그런데 후주국은 좋은 시기를 제대로 이용하지 못하고 955년부터 958년까지 4년이란 시간을 끌고도 남당을 멸망시키지 못하였다. 주세종은 세 번이나 몸소 일선에 나와 전쟁을 독려했지만 겨우 남당의 회하 이남과 장각 이북만 수복하였을 따름이다. 그리하여 일거에 남당을 소멸시키려던 주세종의 계획은 물거품이 되고 말았다.

형세가 후주에 유리했음에도 불구하고 소기의 목적을 달성하지 못했던 이유는 무엇일까?

주와 남당의 전쟁 초기에, 후한(後漢)의 하중(河中, 지금의 산서성 영제) 절도사(節度使) 이수정(李守定)이 후한을 배반하였다. 그는 자기의 문객(門客) 주원(朱元)을 남당(南唐)에 보내어 원군을 요청했다. 그런데 지원군이 오기 전에 이수정은 대패하였고 제 몸에 불을 질러 스스로 분사했다.

남당으로 원군을 요구하러 갔던 주원은 남당에 남아 있게 되었다. 남당의 추밀사(樞密使) 차문휘가 딸을 주원의 아내로 시집보냈다. 이즈음 남당을 공격한 후주가 연이어 하북의 여러 주군(州郡)을 점령했다. 주원은 이때 자신의 재능을 보여 줄 기회라 여겨 출전을 자청했다. 주원은 남당의 군사를 지휘하여 잃었던 서(舒, 지금의 안휘성 잠산) · 화(和, 지금의 안휘성 화현) 두 주를 다시 탈환하였다.

남당을 위해 대공을 세운 주원은 이때부터 교만 방자하여 다른 장군들을 모두 하찮게 여겼다. 그 결과 많은 장령들의 불만을 사게 됐다. 그러자 이경(李景)은 부득불 그의 군권을 박탈하려고 했다.

이 소식이 터지자 주원이 대노하여 다시 남당을 배반하고 후주에 귀순하였다. 남당 황제 이경은 분을 참지 못해 주원의 아내를 잡아 투옥시키고 사형에 처하려 했다.

그때 주원의 장인 차문휘가 남당의 최고 군사 장관으로 있었다. 그런데 자기의 딸이 투옥되어 얼마 뒤 사형이 언도되자 차문휘가 이경 황제에게 탄원서를 올렸다. 딸의 사형을 사면해 달라는 내용이었다. 이경이 차문휘의 탄원서에 "주원의 처를 사형하되 차씨의 딸은 죽이지 말라!"란 성지를 내렸다. 이렇게 되어 주원의 아내는 죽임을 당했다.

이와 동시에 또 다른 한 사건이 터졌다. 남당군의 호주(濠州, 지금의 안휘성 봉양시 동북 일대)를 사수하던 남당 장령 곽정(郭庭)이 후주군의 맹렬한 공격을 견디지 못하고 후주에 투항하려 하였다. 그런데 그의 가실(家室)이 모두 장강 이남에 있었다. 일단 자기가 성문을 열어 북주군에 투항하면 처실 등 가족 일원이 연루될까 걱정되어 그냥 호주성을 사수하고 있었다. 곽정은 후주에 투항해야 이곳 백성들의 생명을 보장할 수 있다는 이유를 적어 황제에게 투항 진언서를 올렸다. 남당 황제 이경이 곽정의 진정서를 허락하였다. 그리하여 곽정은 성문을 다 열어 놓고 후주군에 투항하였다.

위의 두 가지 일은 남당이 비록 쇠진해지기는 하였지만 그래도 법규가 엄했고 또 변경 장군들 가실의 목숨이 황실에 통제되어 있었기에 남당 장군들이 끝까지 북주군을 대항하여 싸울 수 있었다는 사실을 말해 준다. 때문에 후주가 남당을 쉽사리 멸망시키지 못했던 것이다.

남송(南宋) 고종(高宗) 소흥(紹興) 말기에 금(金)나라군이 회남(淮南) 일대를 침공하였다. 한 달도 안 되어 금군(金軍)이 회하 이남 14개 주를 모두 점령하였다. 그때 나는 회하 일대의 군사를 통솔하는 장령들이 금군이 오기도 전에 금은붙이 같은 재물을 경구(京口, 지금의 절강성 진강시)로 이전시켜 보존하는 일을 친히 목격하였다. 그들은 사전에 황제의 허락을 받고 군영을 옮기는 것이라 했다. 전쟁이 없는 평화 시절 변경으로 부임해 간 지방 장관들은 평소에 변경의 방비를 허술히 하다가 전쟁이 발발하자 교전도 하지 않고 성을 내주고 도주했던 것이다. 그들은 금군(金軍)이 물러난 후 다시 지방으로 돌아와 원래의 권세를 그대로 누렸다.

여론의 질타와 견책도 아랑곳하지 않는 그들이 나라의 변경을 지키는 대사를 책임졌다고 하니 과연 얼마나 책임을 가지고 있었는지 의문이 아닐 수 없다.

경솔한 말 한마디에 700리 국토를 잃다

송신종(宋神宗) 희녕(熙寧) 7년(1074년) 요국(遼國) 황제 야율홍기(耶律洪基)가 송나라에 소희(蕭禧)를 사신으로 보내 송과 요나라 간에 있던 하동 일대의 변계(邊界) 문제를 담판 짓도록 하였다. 그러나 양국은 결론을 내리지 못했다. 이듬해에 소희가 또 송나라로 왔다. 요국은 송국에 대주(代州, 지금의 산서성 대현)의 천지(天池)를 분수령으로 하여 요송 양국의 국경선으로 삼자고 건의했다. 요국의 건의를 받은 신종(神宗)이 노재상 문언박(文彦博)·부필(富弼)·한기(韓琦)·증공량(曾公亮) 등을 궁궐로 불러 대책을 토의했다. 노재상들은 절대로 요국의 요구를 들어주어서는 안 된다고 주장했다. 그때 현역 재상으로 있던 왕안석이 다른 견해를 내놓았다.

"상대방으로부터 물건을 탈취하려면 먼저 상대방에게 얼마간의 단맛을 주어야 하옵니다."

신종은 현역 재상 왕안석의 건의를 받아들여 천지를 분수령으로 양국의 국경선을 결정했다. 결국 송나라는 왕안석의 한마디 말에 700여 리의 국토를 잃게 된 꼴이었다.

원래 송·요 양국의 변계선은 황외(黃嵬)의 산기슭이었다. 송나라는 황외산 고지를 점유하고 있었기에 요국의 응주(應州, 지금의 산서성 응현)·삭주(朔州, 지금의 산서성 삭현)·무주(武州, 지금의 산서성 신지) 등 지역을 직접 위협할 수 있었다. 그런데 천지 분수령을 양국의 분계선으로 삼으면 요국이 고지를 차지하게 되어 있어 송나라의 흔주(忻州, 지금의 산서성 흔현)·대주(代州, 지금의 산서성 대현) 등을 쉽사리 공략할 수 있게 되었다. 그것을 다 집계하면 동서 700리 땅이 된다.

송인종(宋仁宗) 경력(慶曆)년, 요국은 송나라에 관남(關南)의 열 개 현(縣)을 떼어 줄 것을 강요했다. 당시 송조는 서쪽의 하(夏)나라에 대처하느라 여념이 없었다. 그래도 송나라에서는 한 치의 땅도 요국에 떼어 주지 않았다. 다만 요국의 강대한 무력 침략을 막기 위하여 이전보다 더 많은 공물(貢物)을 해마다 바치기로 합의를 보았다. 따지고 보면 희녕 연간의 송나라 병력은 경력 연간에 비해 퍽 강대했다. 그런데도 소희가 강경히 나서고 왕안석이 그에 타협하여 변경의 요충지를 떼어 주었던 것이다.

왕안석이 일시 안정을 위해 경솔히 말할 수밖에 없었던 것은 요

206

국 소희의 무리한 요구를 반박할 만한 재능이 없었기 때문이었다.

　삼국 시대 오나라 군주(君主) 손권(孫權)이 이런 말을 했다.
　"노숙(魯肅)이 나에게 형주(荊州) 땅을 유비(劉備)에게 잠시 빌려
주라고 권고하면서 '제왕들 초기에는 서로 땅을 주고받았으며, 또
한 관우(關羽)가 그리 대단한 인물도 아니지 않습니까?'라고 했소.
노숙은 그때의 형세를 잘못 판단해 이런 실언을 한 것이오."
　왕안석도 같은 착오를 범했기에 그런 경솔한 말을 했던 것이다.

출신 지역에 상관없이 인재를 등용하다

전국시대, 제(齊)·초(楚)·연(燕)·한(韓)·조(趙)·위(魏)·진(秦) 7국이 정립하여 제각각 통일 대업을 이룩하려는 꿈을 꾸고 있었다. 7웅(七雄)이 할거하여 긴긴 세월의 전란을 거쳐 마침내 진이 6국을 소멸하고 통일 대업을 이루었다. 처음에는 7국이 모두 능력 있는 인재를 뽑아 재상과 대장군 등에 임명하였다. 그런데 진나라를 제외한 다른 6국에서는 인재를 등용할 때 대담하게 외국이나 외족의 인재를 등용하지 못했다. 이 6개 제후국에서는 본국인이나 동족 내에서 인재를 골라 재상에 임명하였다.

예를 들면 제나라는 전기(田忌)·전영(田嬰)·전문(田文) 등 종족 내의 사람을 재상으로 기용했고, 한나라는 공중(公仲)·공숙(公叔)을, 조나라는 봉양군(奉陽君), 평원군(平原君) 조승(趙勝) 등을 재상으로 기용했다. 위나라는 심지어 태자를 재상으로 임명하였다.

그러나 진나라는 인사 관리에서 다른 여섯 개 제후국보다 훨씬 열린 정책을 시행하였다. 진나라에서 재상으로 등용된 사람은 오히려 진나라 사람이 아니라 다른 여섯 나라에서 온 재능 있는 사람이 더 많았다. 위나라 사람인 상앙(商鞅)·장의(張儀)·범수(范睢)·위염(魏冉) 등이 진국에서 재상이 되었고, 또 연나라 사람 채택(蔡澤), 한나라 사람 여불위(呂不韋), 초나라 사람 이사(李斯) 등도 모두 다른 나라 출신으로 진나라에 의해 중용되었다. 과연 진나라의 재상들은 널리 명성을 떨친 명재상들이었으며 당시의 역사 흐름을 주도한 인물들이다.

　진나라의 군왕은 일단 인재를 기용하면 그를 의심하지 않았다. 그가 타국인이라 해서 본국에 어떤 속셈을 갖고 있을까 하는 의심을 전혀 갖지 않고 대담하게 그들에게 국정의 대권을 맡겼던 것이다. 물론 처음부터 의심이 가는 사람까지 기용한 것은 아니었다. 이렇게 군신 간에 서로 신뢰하고 서로 보완하였기에 진나라가 통일대업을 이룰 수 있었던 것이다.

　진나라 국왕이 광범한 경로를 통해 천하의 인재를 포섭한 원인은 여러 제후국이 진나라를 매우 미천하게 보고 얕잡아 보는 국면을 하루라도 빨리 타개하기 위해서였다. 진나라 효공(孝公)은 즉위한 즉시 천하의 인재를 골라 조정에 추천하라는 칙령을 내렸다. 상앙은 이때 위나라에서 진나라로 건너갔다.

진나라로 건너간 상앙은 우선 진 효공에게 '강국지술(强國之術)'을 풀어 효공을 설득시켰다. 효공은 상앙의 '강국지술'을 받아들였고 상앙에게 전권을 주어 변법을 추진하도록 하였다. 상앙은 효공의 후원을 얻어 대개혁을 단행하였다. 그것이 유명한 '상앙변법(商鞅變法)'이다.

상앙은 정전제(井田制)를 폐지하고 변경을 대량으로 개척하여 국방을 튼튼히 하였다. 군공(軍功)을 세운 사람에게는 후한 상금을 내리고 큰 공을 세운 사람에게는 작위를 주었다. 또 농사일을 중시하고 상업 행위를 절제하였다.

이와 같은 대변법을 통해 진나라는 전국 7웅 중 국력이 가장 강대한 선진국이 되었다. 상앙은 이제 어린애들까지도 다 아는 명사가 되었다. 반면 6국은 진국의 강대한 기상과 번영된 면모를 부럽게 바라볼 뿐이었다.

그 뒤 범수(范雎)가 진 소왕(昭王)에게 '멀리 떨어진 나라와는 강화를 맺고 가까이 있는 나라를 공격하는(遠交近征)' 천하통일책을 내놓았다. 이것은 다른 제후국들의 합종(合縱)을 파괴하는 술책이었다.

이른바 '멀리 떨어진 나라와 강화를 맺는다'라는 말은 제나라와 초나라와 수교를 맺고 친선을 강화한다는 뜻이다. 또 '가까이 있는 나라를 공격한다'는 말은 삼진(三晉) 지역의 나라를 토벌하여 먼저 점령한다는 뜻이다. 진 소공은 범추의 통일정책을 받아들여 평화적 외교와 군사적 공세를 병용하였다. 몇 년간의 처절한 전쟁을 통해 진나라는 끝내 6국을 멸망시키고 천하를 통일하였다.

그 밖에 연나라의 소왕(昭王)도 목마른 사람이 물을 찾듯 재능 있는 인재를 구했다. 그의 수하에 있는 대장군 극신(劇辛)·악의(樂毅)는 조나라 사람이다. 악의는 각국을 연합하여 먼저 제나라를 토벌해야 한다고 소왕에게 진언하였다. 소왕은 이를 받아들였다. 악의는 친히 군사를 인솔하여 연·진·한·조·위 등 5개국의 군사와 합류하였다. 악의가 6군 연합군의 총사령관이 되어 제나라로 대거 진격하였다. 연합군은 제서(濟西)에서 제군을 대패시키고 승승장구하면서 제나라 도읍을 향해 진공의 기세를 한껏 북돋았다.

바로 이때 연 혜왕(惠王)이 즉위하였다. 혜왕은 악의의 기세가 너무 커지면 반역이라도 하지 않을까 의심하여 그의 군권을 박탈하였다. 악의는 눈물을 머금으며 연나라를 떠났다. 제국이 이 기회를 놓치지 않고 대거 반격을 가하니, 명장을 잃은 연군은 제나라의 반격을 당해 내지 못하고 번번이 대패하여 본국으로 후퇴하고 말았다. 연국은 이때 국력이 이미 쇠진하였고 다시는 일어서지 못하게 되었다. 이 모든 것은 혜왕이 인재를 부당하게 의심했기 때문이다.

초나라 도왕(悼王)도 멀리 내다보는 식견이 있는 탁월한 군주였다. 부국강병의 목적을 달성하기 위하여 위나라 사람인 오기(吳起)를 영윤(令尹)으로 기용하여 변법을 시행하였다. 초나라가 한때 강국으로 일약 웅비할 수 있었던 것은 이와 같은 이유에서였다.

일의 성사는 사람 하기에 달렸다

연(燕)나라의 악의(樂毅)가 제(齊)나라를 정벌할 때 제나라의 대·소 성곽 70여 개를 점령하였다. 꼼짝없이 몰린 제나라는 거(莒)·즉묵(卽墨) 두 개의 성읍만 남게 되었다. 그야말로 풍전등화(風前燈火)의 위기였다.

제나라는 무성을 지키고 있던 전단(田單)을 대장군으로 임명하고 마지막 결전을 벌이기로 했다. 전단은 연군을 이간시키는 계책을 썼다. 즉 악의가 제나라를 멸망시킨 뒤 제나라 땅에서 국왕으로 행세하려 한다는 소문을 연나라 안팎에다 널리 알리게 했고, 즉위한 지 얼마 안 되는 연 혜왕(惠王)은 이를 정말로 믿고 이윽고 악의를 소환시킨 후 악의를 대신해 기겁(騎劫)을 대장군으로 임명했다.

전단은 한밤에 이른바 화우진(火牛陣)이라는 병법을 이용하여 연군을 향해 불의의 기습을 단행하였다. 그리고 연군의 대장군 기겁을 살해하였다. 총사령관을 잃은 연나라 군사는 추풍낙엽처럼 패퇴하기 시작했다. 제나라 군은 마침내 연나라의 침공을 완전히 물리치고 잃었던 모든 국토를 회복하게 되었다.

조조(曹操)가 연주목(兗州牧)으로 있을 때 군사를 이끌고 동정(東征)을 추진하였다. 연주 80여 개 도성의 군사들은 저마다 조조를 배반하고 여포(呂布)의 수하로 들어갔다. 이때 조조에게 남은 견성(鄄城, 지금의 산동성 연현 남쪽)·범(范, 지금의 산동성 양산현 북쪽)·동아(東阿, 지금의 산동성 양의현 동아 지역) 등 성만을 순욱(荀彧)과 정욱(程昱) 등이 간신히 지켜 내고 있었다. 이들은 조조가 하루빨리 당도해 국면을 전환시켜 주기를 학수고대하고 있었다. 조조는 이 세 곳을 기반으로 점차 세력을 확대하여 결국 연주 전역의 반란을 평정했다. 연주 땅을 확보한 조조는 일후 재도약의 기반을 튼튼히 구축하게 되었다.

고대에서는 국가를 멸망의 위기에서 구출하고 화를 복으로 전환시킨 사례들이 적지 않다. 송조(宋朝)의 정강(靖康)·건염(建炎) 연간에 간신들이 전권을 휘두르며 충신들을 배척하였다. 백성들의 원성은 하늘에 사무쳤다. 이때 금군(金軍)의 대거 남침이 있었다. 섬서(陝西)·하북(河北)·산동(山東)·하남(河南) 등의 넓은 국토가 모두 금군의 말발굽에 짓밟혔다. 그러나 이 일이 있은 지 50여 년이나 흘렀는데도 그곳의 주인은 여전히 금나라였다. 그렇다면 당시의 사람 중 국가의 치욕을 갚고 국토를 되찾을 인물이 그토록 없었단 말인가?

옛일을 교훈 삼아 군주를 보필하다

삼황오제, 하·상·주, 춘추백가, 전국 7웅은 후세의 군신들이 자주 화제에 올리는 주제들이다. 고대의 역사적 교훈을 빌려 당대에 참고하여 경계할 것은 경계하게 하고 규제할 것은 규제하려 했기 때문이다.

신하들이 역사의 교훈을 실례로 들 때는 종종 가장 가까운 왕조에서 사례를 찾는다. 전 왕조는 시간적으로 가장 가까운 왕조이기 때문에 전 왕조의 역사적 사실을 당대의 현실과 쉽사리 연계시킬 수 있다. 그리고 진언하는 사람이 명확한 실증을 들면서 설득하기 때문에 듣는 사람은 쉽게 설득되고 교훈을 받아들이게 된다.

《시경》에 '은조가 교훈으로 삼을 왕조는 먼 과거의 왕조가 아닌 하나라이다'라는 말이 있다.

《주서(周書)》에서도 '지금 우리는 은나라의 멸망에 대하여 생생하게 잘 알고 있다. 마땅히 그 교훈을 받아들여 경계할 것은 경계

216

하여야 한다'고 쓰고 있다.

《무일(無逸)》에서도 주성왕(周成王)에게 진언할 때면 주로 상조(商朝) 때의 중종(中宗)·고종(高宗)·조갑(祖甲)의 예를 들었다.

한 고조 유방이 황제에 오른 뒤 한번은 문무 대신들을 궁궐로 불렀다.

유방은 신하들에게 아무런 부담을 갖지 말고 있는 생각 그대로 천하를 다스리는 고견을 말해 보라고 하였다. 유방은 '무엇 때문에 항우는 천하를 얻지 못하게 되었는가? 그리고 내가 어째서 천하를 얻게 되었는가?' 하는 문제를 둘러싸고 기탄없는 얘기를 나눠 달라고 하였다. 유방은 먼저 육가(陸賈)에게 그 원인을 말해 보라 하였다.

육가가 편찬한 《신어(新語)》 12편은 유방이 높이 평가한 글이다. 공거령(公車令) 장석지(張釋之)가 한문제(漢文帝)에게 풀이해 줄 때 그 사례로 든 것이 진(秦)·한(漢) 간의 흥망성쇠에 관한 갖가지 조건과 요인이었다. 가의(賈誼)는 상·주·진의 역사적 사례를 들며 한문제에게 여러 가지 경계할 것들을 지적하여 주었다. 그의 《과진론(過秦論)》은 가히 나라의 흥망성쇠의 원인을 예리하게 분석한 경전이라고 하겠다.

당나라 때 위징(魏徵)이 당태종에게 진정서를 올렸다.

수나라 말기 천하가 아직 혼란에 빠지지 않았사옵니다. 그때 수
양제는 아직 진상을 제대로 파악하지 못하고 천하에 대동란이
일어나지 않을 것으로 판단했사옵니다. 그리고 수나라가 멸망하
기 전에는 자신들이 절대 멸망하지 않을 것이라고 믿었사옵니
다. 이런 역사적 교훈을 받아들여 폐하께서는 잠시도 수나라의
멸망을 잊지 말고 교훈으로 삼으셔야 하옵니다.

중서시랑(中書侍郎) 마주(馬周)도 수나라의 멸망을 같은 도리로
설명하였다.

'수양제는 종종 제(齊)나라와 위(魏)나라가 나라를 망하게 한 일
들을 말하면서 그들을 비웃었다. 지금 우리가 수양제를 보는 시각
이 바로 수양제가 다른 황제를 보는 시각이 아닐까?'

시어사(侍御史) 장현소(張玄素)는 태종이 낙양궁(洛陽宮)을 신축
하려 하자 즉시 그에게 진언하였다. 그는 태종과 수양제의 일을 직
접적으로 연계시켜 가면서 절대로 경계하여야 한다고 피력했다.

"수나라는 건양궁(乾陽宮)의 신축을 완료하는 동시에 망했사옵
니다. 소신은 지금 폐하께서 수양제보다 더 엄청난 잘못을 저지르

고 있다고 보옵니다. 백성들의 고된 부역을 즉시 취소하지 않으면 당조도 수나라와 마찬가지로 천하 대동란이 일어날 것이옵니다."

당태종은 그의 진언을 받아들여 낙양궁 신축 계획을 취소하였다. 훗날 위징은 장현소를 높이 평가하면서 천하를 되살린 대공신이라고 칭송하였다.

한·당조 명신들의 의논이나 《시경》, 《상서》의 위와 같은 기록을 분석해 보면 그들의 말이야말로 현명한 군주가 국가를 다스리는 좋은 귀감이 된다. 후대의 대신들 중 황제를 보필하고 군주에 진언하는 천직을 맡은 사람들은 조정의 대사를 의논할 때, 고대 명신들의 방법과 처신을 잘 배워 둘 필요가 있다.

터무니없는 문자 금기로 인재를 썩히다

송나라 휘종(徽宗) 정화(政和) 연간에 간신 채경(蔡京)이 조정의 실권을 손아귀에 쥐고 국정을 농단하고 있었다. 그는 자기 세력을 공고히 하고 확장하기 위하여 철저하게 지식인들을 규제하였다. 규제를 통해 지식인들을 자기 주변에 묶어 두려고 한 것이다. 그래야 그들이 자기를 칭송하고 좋은 책략을 내놓을 수 있다고 생각했기 때문이다.

어떤 지식인이든 자신에 대해 털끝만큼의 불리한 말을 하거나 불손한 글을 쓰면 결코 용서하지 않았다. 당시 송나라의 학교나 과거는 사실상 채경이 문인들을 장악하는 도구로 전락하였다. 채경의 부정 비리를 뻔히 알면서도 출세를 하려면 그의 비위를 맞춰야 했고, 그의 눈치를 살펴야 했다. 일단 자그마한 실수나 편향하는 낌새를 보이면 채경의 눈 밖에 나게 되었고, 그러면 그의 일생은 불운하게 되었다. 이런 와중에 가소롭고 황당하기 짝이 없는 문자 금기가 성행하였다.

과거시험에 '정문(程文)'이란 조항이 있다. 이 조항은 과거 보는 사람이 지정한 요구에 따라 문장을 지어 바치는 것이다. 채경 등은 자신들에게 불만을 품은 선비들이 뽑힐 것을 미연에 방지하기 위해 '정문'을 세심히 열독하였다. 자신들이 꺼리는 말이 단 한마디만 들어가도 그 선비는 아무런 이유 없이 낙방했던 것이다. 채경 등은 자신들을 칭송하고 자신들의 구미에 맞게 쓴 글이면 재능이야 있든 없든 따지지 않고 급제시켰다.

한번은 포휘경(鮑輝卿)이란 사람이 직접 송휘종에게 상주문을 올렸다.

"지금 지방에서 치르는 과거시험은 응시자의 재능을 전혀 보지 않사옵니다. 응시자들의 문장에 지금 정치판에서 꺼리는 금기 사항을 취급했느냐 아니냐의 여부만을 따지옵니다. 글 중에 시정 문제를 조금이라도 건드리면 그 글이 아무리 잘된 글이라 해도 전혀 받아들여지지 않고 있습니다.

예를 들면 어떤 응시자가 '전쟁을 피하여 백성들이 편안할 수 있도록 해야 하고, 근검절약하여 나라의 재정을 살찌워야 하며, 급하지 않은 부역은 될수록 금하고, 재능 있는 인재를 기용해야 한다'고 한 말은 아주 설득력이 있사옵니다. 이런 말은 신종(神宗) 희녕

221

(熙寧) 연간, 그리고 원풍(元豐) 연간에 응시자들이 즐겨 쓴 단락이옵니다. 그때는 까다로운 금기 사항이 없었기 때문이옵니다. 그런데 지금은 집정 대신의 금기에 걸려 재능 있는 선비들이 조정을 위해 일할 수 있는 기회를 잃고 있사옵니다. 이러한 작폐는 하루속히 폐지되어야 조정에 유리하다고 보옵니다."

휘종이 올라온 진정서를 보니 포휘경의 진언에 일리가 있었다. 휘종은 즉시 문자 금기를 폐지하라는 칙령을 내렸다. 그러나 조정의 실권을 장악하고 있던 채경은 휘종의 칙령을 무시한 채 계속 문자 금기를 일삼았다.

정화(政和) 3년(1113년), 한 신료가 또 휘종에게 상주문을 바쳤다.

요즈음 정문(程文) 시험 때 문자 금기가 가혹하여 현철(賢哲)의 말도 감히 인용하지 못하고 있사옵니다. 이 모든 것은 집정 대신의 비위를 거슬렀기 때문이옵니다. 글을 짓다 보면 재(哉) 자를 쓰게 마련인데 그 발음이 재해(災害)의 재(災)와 같다 하여 트집을 잡사옵니다. 그리고 '위대할 손 요임금' '훌륭할 손 순임금'이란 말도 쓰면 안 되게 되어 있사옵니다. 요순 임금을 칭송하는 것은 현재의 정치에 대한 불만이라고 보기 때문이옵니다.
'대란이 일어나기 전에 나라를 다스려야 하고 위험을 당하기 전에 나라를 지켜야 하며'라는 단락이나 '길흉은 서민 백성들과 함께해야 하며'라는 말도 쓰면 안 되옵니다. 이런 말속에 '위험'이니 '난리'니 '흉'이니 하는 낱말들은 집정 대신이 싫어하는 낱말들이기 때문이옵니다. 응시생들은 집정 대신의 비위를 건드리지 않기 위하여 꼭 위와 같은 말을 써야 할 때도 이를 피하고 있사옵니다.

지금 황제 폐하의 성명과 황은이 망극하옵거니와 이처럼 황당무계한 문자 금기가 지속되어서는 그 폐단이 너무도 큽니다. 폐하께서 이를 널리 살피시어 하루속히 바로잡아 주시옵소서.

그러자 휘종은 또 문자 금기를 폐지하라는 칙령을 내렸다. 그러나 이는 또다시 채경의 묵살로 허사가 되고 말았다.

이상 두 편의 진정서를 통해 보건대, 얼마나 많은 재능 있는 선비가 터무니없는 문자 금기 때문에 그 재능을 썩혀야 했는지 알고도 남음직하다.

명문 출신이 아니면 벼슬길도 좁다

양(梁) 무제(武帝) 때 이런 일이 일어났다. 교지(交趾, 지금의 베트남 하노이)에 사는 병소(幷詔)란 사람이 도성까지 와서 과거에 응시하였다. 입신양명의 벼슬길을 열어 볼 심산이었다. 그는 문장도 잘 지었거니와 시도 아주 출중했다.

그때 이부상서(吏部尙書)는 채존(蔡樽)이었다. 병소의 글을 본 채존이 고개를 끄덕이며 흡족해하였다. 병소를 면접하며 이것저것 물었더니 대답 또한 청산유수였다. 그런데 그의 가문이 명문이 아니라는 이유 하나로 그가 받은 관직은 광양문 밖의 말단직이었다.

그러자 병소는 병소대로 원망이 많았다. 자기의 학식과 능력으로 하찮은 말단직에 있다는 것은 수치라고 생각하였다. 그는 좀처럼 이러한 불만을 해소시키지 못했다. 그래서 아예 고향으로 돌아가 양나라를 뒤엎어 버리려는 야심으로 무리들을 모아 반란을 일으켰다.

명문가의 출신이라면 과거에 급제만 하면 높은 벼슬자리나 그런대로 좋은 벼슬자리에 앉을 수 있었다. 이런 폐단은 진(晉)나라 때부터 시작되었다. 이 폐단으로 말미암아 수많은 유능한 인재들이 매몰되었다.

이와 반대로 별 재능도 없는 명문가 소인배들이 요직에 앉아 국정을 농단하였다. 채존은 현명한 대신이라는 평가를 받은 사람인데도 이 일에 한해서는 너무도 세속적인 일면을 보여 주었다. 그렇게 된 이유는 도대체 무엇 때문일까?

능력 있는 자가 원하는 진급제,
능력 없는 자가 원하는 진급제

당 현종(玄宗) 개원(開元) 18년(730년) 4월, 시중(侍中) 배광정(裴光庭)을 이부상서(吏部尚書)로 임명하였다.

과거 이부에서 관원을 선발할 때 확정된 규정과 제도는 따로 없었다. 주로 당사자의 능력을 따져 능력만 있으면 파격적으로 진급시켰다. 그러다 보니 어떤 사람들은 말단의 자그마한 벼슬자리에서 한평생 전전긍긍하며 자리를 지켜야 했다. 또한 벼슬자리로 나갈 자격을 가졌건만 20여 년간 빈자리가 나지 않아 아무런 관직에 나가지 못한 사람도 있었다.

주(州)·현(縣) 등 지방 장관들의 등급도 분명하지 못했다. 등급이 높은 데 있다가 주·현으로 내려가 지방 장관이 되는 예도 허다했다. 또 궁궐 내 조정 각료로 있다가 지방 장관으로 임명되어 내려간 사람들도 많았다. 한마디로 말해서 일정한 인사 제도가 없었다는 것이다.

배광정이 이부상서가 된 후 상기의 문란한 인사 제도를 완벽하게 정립하려는 마음에서 '순자격(循資格)'이란 인사 제도를 작성하여 황제에게 올렸다. '순자격'의 주요 내용은 다음과 같다.

관직에 등급을 매기고 등급에 따라 관원을 배치한다. 등급이 높으면 높을수록 그에 해당하는 관원은 적어야 한다. 관직이 낮으면 낮을수록 그에 해당하는 관원을 많이 선발한다. 관원 선발이 차면 진급시킨다. 모든 등급의 관직에는 임기를 정한다. 평소 착오를 범하지 않아 경질당하지 않은 사람들이면 임기가 차면 곧바로 승진한다.

별다른 재능이나 공적도 없이 그저 벼슬자리만 지키고 있던 사람들은 '순자격'이 천하에 공평하고 좋은 법이라고 손뼉을 쳤다. 그러나 유능하고 생기발랄한 젊은 관리들은 파격적인 진급의 기회가 없게 되어 불평이 많았다. 송경(宋璟)은 이 일을 두고 배행간(裴行簡)과 옳고 그름의 시비를 따졌다. 그러나 별다른 결과를 얻어 내지 못했다.

개원 21년(737년) 배광정이 죽었다. 박사(博士) 손완(孫琬)이 배광정의 '순자격'의 미흡한 점을 지적하였다. 즉 재능이 있고 공적이 있으며 총명한 인재를 파격적으로 기용할 수 없는 것이 가장 큰 폐단이라고 역설하였다. 인사 문제에 이처럼 큰 폐단을 자초한 배광정에게 '극(克)'이란 익호를 내려야 한다고 진언하였다.

이해 6월에 어명이 내렸다.

앞으로 관원을 선발할 때 재능과 품행을 따져 재능이 있고 품행이 좋으면 이부에서 임시로 파격하여 진급시켜도 된다.

비록 황제의 칙명이 있었지만 기득권층에서는 '순자격'이 자신들에게 유리하기 때문에 어명도 아랑곳하지 않았다. 계속 '순자격'에 규정된 제도에 따라 인사를 처리하였다. 훗날의 이른바 '이부사선(吏部四選)'이란 것이 바로 '순자격'에 따른 인사 제도이다.

그런데 배광정이 '순자격'을 추진하기 전인 북위(北魏) 때에 이미 그와 비슷한 인사 제도가 실행되었다. 북위 숙종 신구(神龜) 2년(519년)에는 빈 관직이 많지 않았다. 그런데 후보로 선발된 사람은 많았다. 이부상서 이소(李紹)가 인사 처리를 제대로 하지 못하여 많은 사람들의 원망을 들었다.

최량(崔亮)이 이소를 대신하여 이부상서가 되었다. 그는 이소와는 달리 새로운 인사 제도를 책정하여 황제에게 올렸다. 그때 최량이 제정한 인사 제도가 '정년격(停年格)'이었다.

이 인사 제도의 주요 내용은 재능과 품행에 관계없이 직속 상급자가 그 직위를 그만두면 즉시 그다음의 상급자가 그 직위에 진급할 수 있도록 제도화한 것이다. 이 법은 장기간 진급하지 못한 많은 관료들의 옹호와 지지를 받았다. 그들은 모두 최량이야말로 명실상부한 이부상서라고 칭찬하였다. 이때 최량의 외조카 유경안(劉景安)이 외숙부인 최량에게 편지를 써 보냈다.

한나라 이전에는 향시에서 선비를 초선한 뒤 직접 벼슬길에 나섰습니다. 그러나 한나라 때부터는 주(州)와 군(郡)에서 인재를 천거했습니다. 위(魏)·진(晉) 때는 이른바 '9품중정제(九品中正制)'를 실시했습니다. '9품중정제'가 완벽하다고는 말할 수 없습니다만 그 제도를 통해 선발한 인재는 그래도 열에 일고여덟은 출중한 인재들이었습니다. 그러나 지금 '정년격'을 통해 실시되고 있는 인사 제도는 폐단이 많습니다. 한 사람의 겉만 보고 내실을 따지지 않습니다. 경서를 어떻게 읽었는가만 고찰하였지 국가를 다스리는 재능에 대해서는 별로 따지지 않습니다.

9품중정제 또한 관원의 재능과 품행을 고찰하는 것이 아니라 그가 어느 명문가의 출신인가를 많이 따지는 폐단이 있었습니다. 외숙부님, 이 조카의 말을 좀 참작하여 주십시오. 지금 외숙부님은 조정의 인재를 선발하는 대권을 갖고 있습니다. 마땅히 인사 제도의 폐단을 척결하는 데 주력해야 함에도 오히려 '정년격'을 제정하였습니다. 이 제도는 재능 있고 총명한 젊은 인재들의 진급에 제동을 걸었습니다. 만일 계속해서 '정년격'을 견지한다면 앞으로 그 누가 품행을 단정히 하고 절개를 지키며 학문에 진력하겠습니까?

낙양 현령 설숙(薛淑)도 진언서를 올렸다.

보통 백성들의 운명은 지방 장관의 손에 달려 있습니다. 가령 인재를 선발하는 관련 부처에서 연공서열만 보고 재능 여부를 따지지 않는다면 폐단이 많습니다. 이는 마치 하늘에서 질서정연하게 줄지어 날아가는 기러기 떼와 같이 순서와 차례를 지켜 명부를 들고 호명하는 것과도 흡사합니다.

그렇다면 이부에 한 사람만 있으면 될 것이요, 그리 많은 사람도 필요가 없지 않습니까. 저는 왕공 귀족들이 정말로 유능한 인재를 천거하여 지방의 장관을 맡도록 하는 것이 가장 바람직하다고 감히 진언을 올리는 바입니다.

설숙의 진정서를 받아 본 황제는 대신들에게 그의 상주서를 토론하도록 분부하였다. 그러나 진심(陣深) 등이 최량을 뒤이어 이부상서로 되면서 '정년격'이 그래도 바람직한 인사 제도라 고집하여 계속 '정년격'을 시행하였다. 북위의 인사 제도가 타당하지 못하게 된 것은 최량 때부터였다.

그러다가 효정제(孝靜帝) 원상(元象) 2년(539년) 고등(高燈)이 이부상서가 되면서 최량의 연공서열식 인사 제도를 폐지하였다. 고등은 재능과 품행을 중시하여 유능한 인재를 선발·기용하였다.

배광정은 최량의 인사 제도를 답습했을 따름이었다. 그런데도 후세 사람들은 최량이나 고등은 별로 관심을 두지 않는 듯하다.

인맥을 통해 장원 급제하다

《신당서(新唐書)》의 기록을 보면 고착(高鍇)이 예부시랑(禮部侍郎)
으로 있을 때 과거시험을 주관하였다. 그가 과거시험의 좌주(座主)
로 있던 3년간 유능한 인재를 적지 않게 발굴·등용시켰다. 첫해에
는 1년에 40명을 뽑았다. 그런데 그가 뽑는 진사는 점차 숫자가 줄
었다. 그 후에는 열 명을 줄여 30명을 뽑기로 했다. 그런데도 지정
된 숫자만큼의 인재를 선발하지 못하였다.

　당나라 진사 합격자에 관한 전문 서적인《등과록(登科錄)》의 기
록은 이와 달랐다. 개성(開成) 원년(836년), 재상부에서 황제에게
다음과 같은 진정서를 올렸다.

　진사 합격자는 해마다 25명으로 제한되어 있사옵니다. 이 숫자
　는 적은 편이옵니다. 앞으로 40명까지 진사를 선발할 수 있도록
　허락하여 주시옵소서.

황제가 이를 받아들였다. 개성 원년부터 3년까지 좌주는 예부상서 고착이었다. 그는 이 3년 동안만 해마다 40명의 진사를 뽑았다. 그 뒤인 개성 4년에야 30명으로 줄였다. 그렇다면《신당서》에서 고착 때부터 진사 합격자의 숫자를 줄였다는 기록은 사실과 다른 기록이라 하겠다.

《당척언(唐摭言)》의 기록을 보면 고착이 좌주로 있으면서 장원을 뽑은 대목이 있다. 개성 원년 고착이 처음으로 과거를 주관하였다. 이때 배사겸(裴思謙)이란 사람이 환관 구사량(仇士良)의 인맥을 통해 장원급제의 후보 명단에 들어 있었다. 고착은 배사겸이 권세와 결탁하여 인맥을 통해 장원을 노린 것을 괘씸하게 여겨 그를 눈앞에서 면박을 주었고 그길로 내쫓아 버렸다. 체면이 구겨질 대로 구겨진 배사겸이 대문을 나서며 한마디 내질렀다.

"대감, 너무 큰소리치지 마시지요! 어디 보십시다. 내년의 장원급제는 바로 이 사람일 거외다!"

이듬해도 고착은 여전히 과거를 주관하였다. 그는 사전에 집사람들과 측근들에게 그 누구의 청탁도 받아서는 안 된다고 단단히 당부하였다. 배사겸은 직접 고착을 찾지 않았다. 그는 구사량의 편지를 품에 간직하고 자색 관복을 입고 직접 시험장으로 들어갔다. 배사겸은 대담하게도 직접 고착의 코밑까지 다가서서 고착에게 말을 전했다.

"군용사(軍容使, 구사량은 환관의 신분으로 황제의 금군 수장을 겸하고 있었다.)께서 배사겸을 추천하는 편지가 있사옵니다."

고착은 이 사람이 한 해 전에 장원을 하려다 자기한테 걸려 그 꿈을 이루지 못한 배사겸인 줄을 몰랐다. 편지를 받아 읽어 보니 배사겸을 장원으로 뽑아 주면 고맙겠다는 내용이 들어 있었다.

고착이 말했다.

"지금 장원은 이미 내정되었소. 장원 말고 다른 등수는 군용사의 뜻대로 해 드릴 수 있소."

배사겸이 배짱을 세웠다.

"소인은 군용사의 명령을 받고 온 것입니다. 군용사 님께서는 저에게 이렇게 말했습니다. 배사겸이 장원으로 되지 못할 바에는 대감께서 저를 급제시키지도 말라는 말을 전해 달라고 하였습니다."

고착은 잠시 대답을 피하고 생각에 잠겼다. 아무래도 구사량의 미움을 살 것까지는 없다고 생각한 고착이 말했다.

"좋소. 그러면 그 배사겸이란 사람을 데리고 오시오."

"배사겸이 바로 저올시다."

고착은 하는 수 없이 배사겸을 장원으로 뽑았다.

장원이 된 배사겸은 경도(京都) 평강리에 기거하였다. 이때 그가

시 한 수를 지었다.

　　석양 녘 은빛 불빛 늪 물결에 어른거리고
　　달콤한 목소리로 장원급제를 축하하네
　　난 나 사향이 비싼 줄 이때부터 몰랐으니
　　밤이면 밤마다 새 계수향에 젖어 있네

　시적 재능이 전혀 무딘 사람은 아닌 배사겸, 그는 별로 속세의
예의범절에도 개의치 않은 듯하다. 고착은 환관 구사량의 눈치를
보지 않으면 안 되었기에 배사겸을 장원으로 뽑았다. 그러나 사서
에서는 고착이 좌주로 있을 때 유능한 인재만 선발하였다고 기록
하고 있다. 이는 사실과 어긋난 기록이다.

관원 선발의 기준에 따라 노력하는 분야도 달라진다

당나라 때 관리를 선발하는 데는 '신언서판(身言書判)' 이라는 아래 네 가지 기준이 있었다.

1. 신체(身): 신체가 건강해야 하고 용모가 단정해야 한다.
2. 언변(言): 발음이 똑똑해야 하고 말에 조리가 있어야 하며 구변이 좋아야 한다.
3. 서예(書): 해서(楷書)를 잘 써야 하며 글 자체가 매끈하고 고와야 한다.
4. 판사(判詞): 문장이 매듭이 없이 매끈해야 하고 논설의 근거가 충분하여야 하며 이론적 수준이 높아야 한다.

과거시험에 통과된 사람을 입등(入等)이라 불렀다. 이들은 수시로 관직에 나갈 수 있었다.

서예를 관리 선발의 한 표준으로 삼았기 때문에 당나라 사람들은 해서(楷書)를 매우 잘 썼다. 또 판사를 고시 표준으로 삼았기 때문에 당나라 사람들은 판사(判詞)를 쓰는 데 유달리 신경을 썼다. 당나라 때 지은 판사는 4·6대구로 되어 있다. 그 뒤 고시에 한 과목이 된 〈용근봉수판(龍筋鳳髓判)〉이나 《백낙천집(白樂天集)》의 《갑을판(甲乙判)》 등이 가장 대표적인 예이다.

관리 선별의 표준은 조정이나 지방이 다 이 네 가지 표준에 따랐다. 그래서 당나라 때에 과거에 응시하려는 사람들은 모두 독서에 열중하였다. 독서뿐만 아니라 문장도 잘 지어야만이 벼슬을 할 수 있었다.

재상들이 공문서를 작성하거나 통지서를 작성할 때도 4·6대구를 나열해야만 합격된 공문서가 되었다. 실제로 관청의 판사를 보면 사건의 시말이 잘 밝혀져 있고 또한 가끔씩 해학적인 말도 씌어 있다. 이를 화판(花判)이라 한다. 화판은 읽는 재미도 있거니와 내용도 충실하다. 송나라 초기까지 당나라 풍습의 영향을 받아 판사를 4·6대구로 썼는데 그 뒤 차츰차츰 당나라 판사 형식이 사라져 버렸다.

당나라에서 신체와 용모를 인재 선발의 표준으로 삼은 것은 후세 사람들의 비난을 받았다.

천하에 쓸모없는 사람은 하나도 없다

《장자(莊子)》에 이런 설명이 있다.

사람들은 유용(有用)의 역할을 잘 알고 있다. 그러나 무용(無用)
의 역할을 제대로 알고 있는 사람은 얼마 안 된다. 무용의 역할을
잘 알아야 그 쓰임을 논할 수 있다. 대지는 매우 크다. 사람들이
쓰며 사용하는 곳은 두 다리를 용납할 만한 곳뿐이다. 다른 곳은
무용지물이다. 그러나 두 다리로 땅을 디디고 다른 곳을 다 파 버
린다면 주변은 깊은 연못으로 되어 버린다. 그러면 그 사람은 겁
에 질려 제대로 서 있지를 못한다. 파 버린 땅이 얼핏 보기엔 무용
지물 같지만 사실 큰 쓰임이 있는 것이다."

이 도리는 원래《노자(老子)》에 실려 있었다.

서른 개의 살이 하나의 차축에 이어져 연결되어 있다. 살과 살 사이의 빈 공간이 있기에 차가 제대로 역할을 할 수 있다.

《학기(學記)》에서도 같은 도리를 설명하였다.

북 하나만으로는 아름다운 음악을 연주할 수 없다. 그러나 북이 없다면 아름다운 음악도 완전하지 못하다. 물에는 오색찬란한 색깔이 없다. 그러나 물이 없다면 갖가지 색깔도 찬란하지 않다.

위의 두 가지 해석은 모두 하나의 도리를 말하였다. 새들은 날개를 치며 날아간다. 그렇다고 두 다리를 노끈으로 꽁꽁 맨다면 새들은 날지를 못한다. 사람들은 두 다리로 달음박질을 한다. 그렇다고 두 팔을 매 놓으면 사람들은 달음박질을 못한다. 과거시험은 학업을 서로 겨루는 것이며 재능 있는 인재를 선발하는 것이다. 하지만 총명하지 못한 사람도 과거시험에는 참가한다. 전쟁에서 이기려면 우선 필승의 용기가 있어야 한다. 하지만 노약자나 비겁한 사람도 전쟁에 참가한다. 유용과 무용은 이처럼 갈라놓으려야 갈라놓을 수 없는 것이다. 천하를 다스리는 사람은 천하의 사람을 모두 무용지물(無用之物)로 봐서는 안 된다.